武道ツーリズム
実践ガイドブック

BUDO Tourism GUIDEBOOK

月刊「秘伝」武道ツーリズム研究班 編

BAB JAPAN

はじめに

　「武道ツーリズム」とは、武道や武術の見学・観戦・実技体験・施設史跡見学など、日本でしか体験できない武道文化（伝統文化・精神文化）と地域の特性を生かした観光が融合する希少性の高いツーリズムとして、多方面から多くの関心が寄せられています。日本発祥であり、特有の歴史・文化・精神性を色濃く伝える武道は、訪日外国人にとって"見るもの"、また"するもの"として、非常に人気が高く、地域資源と掛け合わせることで、観光、地域振興、また武道武術界全体においても「新たな価値」を生み出す、「キラーコンテンツ」となりうる大きな可能性を秘めています。

　武道武術の専門誌 月刊「秘伝」でも、海外の愛好家の方々が示す日本武道への関心の深さや、修行・研究への熱心さに直に触れ感じることも多く、その一端を様々な角度から本誌記事として紹介してきました。また、近年では「武道ツーリズム」に関するアンケート調査（※ JSTA との共同調査）やモデルイベントの造成・実施をしてきました。この度、これらの結果を、国内外含めた"日本好き！武道好き!!"の皆様と、改めて「武道ツーリズム」振興のための基礎資料や参考事例として共有していきたいと願い、『「武道ツーリズム」実践ガイドブック』をまとめることにしました。

　本書の第１部では【実例編】として、これまでに本誌で紹介してきた記事より、武道武術体験や修行、史跡訪問をテーマとした、３つの"武者修行旅"を厳選して掲載しています。続く第２部では、【海外視点編】として、日本在住歴が長く、武道武術への造詣も深い、外国人武道家の方々へのインタビューや座談会、広く海外へも門戸を開く稽古会への取材などを通して、日本人が「武道ツーリズム」を考えていく際に抜け落ちがちな「海外からの視点」に焦点を当て、傾聴すべき"生の声"を紹介しています。さらに第３部では【資料編】として、武道ツーリズム実現化のためのスポーツ庁をはじめとした官民のこれまでの取り組みや、未来へ向けた課題を提案しています。また、「BUDOJAPAN.com」という英語サイトを通して海外の武道愛好家向けに行った、「日本武道への取り組み」や「修行を目的とした訪日経験」の実態などに関するアンケート調査の結果も掲載。最後に特別付録として、武道武術と所縁の深い寺社、史跡、歴史的道場、また古武術伝承地などをまとめた、日本全国「武道聖地」MAP も収録しています。

　本書を制作する際、また「武道ツーリズム」を考えていく際にこだわったのは、ライト層／コア層いずれに向けても「"本物"の日本武道を届けたい！」という点です。武道武術の多くは発祥の土地土地に深く根ざし、その地方ならではの文化風俗に影響され、また影響を与えながら現在まで伝承されてきました。海外の方にとっても、日本の武道武術の価値と特徴は、400 年前より今に続く「継続性」に見出せるのです。

　「武道ツーリズム」というと特別なことに感じられるかもしれませんが、武道武術の歴史上「武者修行」といったような形で、流派間や修行者同士が盛んに交流を重ねながら、長年にわたり日本文化・侍文化の興隆を支えてきました。その根幹は、時代や場所を問わず、「日本が好き！武道が好き!! 言葉にできない体験をこの身に刻みたい!!!」といった、好奇心と探究心にあるはずです。

　本書が「武道ツーリズムについて知りたい！」「我が街の流派をもっと発信したい！」「自分も体験してみたい！」といった関心をお持ちの皆様にとって、読んで楽しい武者修行旅物語、聖地巡礼のためのガイド本であり、また改めて武道武術と伝統文化の魅力と価値について考える一助となりましたら何よりです。

月刊「秘伝」武道ツーリズム研究班

CONTENTS

Ⅰ部 武道ツーリズム［ 実 例 編 ］

第1章　◎卜傳流剣術／林崎新夢想流居合／當田流剣術／當田流棒術
弘前に現存する中近世の古武術
「剣豪たちの技法体験稽古会」 ………………………………………… 6

第2章　◎国際居合道連盟鵬玉会
外国人武道家による試し斬り体験
無外流居合「形・組太刀・試斬」古流21世紀モデル ………… 22

第3章　◎沖縄空手道拳法会静岡県支部 剛琉館・佐藤哲治
GoTo 南海の "武の故郷" 肌で感じる空手の歴史
「"流派別" 沖縄空手史跡完全ガイド」 ……………………… 32

Ⅱ部 武道ツーリズム［ 海外視点編 ］

第4章　◎アレックス・ブラッドショー（合同会社GOTOKU）
「英国より来た薩摩剣士」特別インタビュー
"薩摩の秘剣" 示現流―世界へ伝え遺すべき『侍文化』発信法 ……… 44

第5章　◎ジェシカ・ゲリティー（日本伝統文化インフルエンサー）
弓と禅 You Me and Zen
「ボーダーレス」な弓道への入り口 …………………………… 52

第6章　◎ミヒャエル・ラインハート／サンドロ・フルツィ／ランス・ガトリング
日本在住外国人武道家 特別座談会
和の国『武者修行』で深める侍の心 ………………………… 60

Ⅲ部 武道ツーリズム［ 資 料 編 ］

第7章　◎福岡雅巳（全国通訳案内士／武道ツーリズムプランナー）
官民一体で推進する『武道ツーリズム』の現状と展望 ……………… 72

第8章　◎グリゴリス・ミリアレシス（ギリシャ人武道ライター）
海外における『日本武道に関する意識調査2022』レポート ……… 80

【特別付録】　全国「武道聖地」MAP ……………………………… 112

第 I 部

武道ツーリズム

［実例編］

剣豪たちの技法 体験稽古会

ト傳流剣術／林崎新夢想流居合／當田流剣術／當田流棒術

剣聖・塚原ト伝の「ト傳流」、徳川将軍家指南役を務めた「小野派一刀流」、剣豪・富田勢源より連なる「當田流」、居合抜刀の祖・林崎甚介が創始した「林崎新夢想流居合」など、名だたる流派が現存し、歴史と文化に彩られた"武士の町"青森県・弘前市。
2022年10月末に開催した秘伝読者とともに行く「弘前の武術」体験イベント、その参加レポートをお届けしよう！

（※注：本記事は秘伝2023年3月号へ掲載したものです。情報は原則、掲載当時のママとしています）

●Text by
福岡雅巳
Fukuoka Masami

月刊「秘伝」にて外国や地方での日本武術史探求記事を執筆。愛媛大学空手部で極真会館四国支部長（当時）芦原英幸師の指導を受ける。関口新心流（和歌山県無形文化財）、竹内流備中伝、神道夢想流杖術、二天一流らの古武術と合気道を学んでいる。全国通訳案内士（英語・韓国語）として武道ツーリズムの開発に取り組んでいる。

今回のイベントでご指導いただいた師範たち。
左から當田流剣術・神亮太宗家、當田流棒術・清水宏二宗家、ト傳流剣術・小山隆秀師範、弘前藩伝林崎新夢想流居合・外崎源人師範。

「津軽の剣」に出会う旅

　今回「武の聖地・弘前武術体験ツアー」の開催が秘伝誌より発表された。弘前で伝承が続けられている古武術を体験できる絶好の機会である。卜傳流剣術伝承者・小山隆秀師範主宰の武術研究稽古会「修武堂」、そこで稽古鍛錬されている卜傳流剣術、林崎新夢想流居合、加えて、富田勢源の小太刀術を伝える當田流剣術と當田流棒術も体験できるという。

　本物と触れる絶好の機会。さらに弘前に遺された武家文化と歴史を味わえる場も多そうだ。

弘前の風土と観光

　弘前は津軽（弘前）藩の城下町であり、歴史と伝統を色濃く遺した静かな北の都市だ。日本一の桜の名所として有名な弘前城公園と、夏のねぷた祭りで、その時期には多くの観光客を惹きつけている。市内には昔ながらの古民家や明治大正の香りのする洋風建築を多く見つけだすことができる。市の制度により保存されているのだ。

　禅林街と新寺町には歴史ある大きな寺院が並ぶのを見ることができる。西北の遠方に標高1625メートルの岩木山が見える。円錐形の姿は「津軽富士」の別名がある。岩木山は活火山で、弘前市内はどこでも深く掘れば温泉が湧く。津軽では霊山としてあがめられている。

北方の敵に対するため、幕府から特別に強固な防衛構造が許された弘前城。後ろに見えるのは岩木山（写真提供：弘前観光コンベンション）。

▲弘前公園下乗橋付近の桜（写真提供：弘前観光コンベンション）。"激しさ"を胸の内に秘めた津軽の人々を象徴するかの様に、毎年GWを見頃に桜の花が咲き誇る。

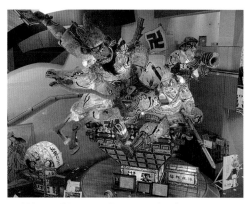

▲弘前のねぷた、扇ねぷたと組ねぷたがある。写真は津軽為信の出陣姿を表わした組ねぷた。

　安寿と厨子王の説話で、姉の安寿は丹後国の山椒大夫の手から逃れ、岩木山に入って神となったと津軽では信じられた。それゆえ津軽藩では丹後人が入ると神が怒ると信じ、嵐を逃れて入港しようとする丹後の船を港役人は追い払ったという。

　隣接した五所川原市は四階のビルを越える高さの立佞武多（たちねぷた）があり、津軽三味線発祥の地・金木もある。異なった色の稲穂で巨大な絵を描く田んぼアート発祥の田舎舘村もある。

　日本一平均寿命が短い青森県。それを逆手にとり「なんにでも醤油をたっぷりかけ、カロリーの高い煮干しラーメンを食べ、銘柄の多い地酒を飲み比べて温泉に漬かり、早朝に雪下ろしをする」というツアーがある。青森県人の「太く短い」ライフスタイルを体験する旅として人気を博しているそうだ。

【弘前の流派紹介】
「弘前藩小野派一刀流」の歴史

▲小野派一刀流・笹森順造師範。

　四代藩主・津軽信政は小野忠於に学び小野派一刀流の極意に達した。五代藩主・津軽信寿は小野忠一（忠於の養子）から一刀流一子相伝を受けて正統直伝となる。信寿は忠一の孫・小野忠方に道統を伝えた。

　津軽藩士には同流の達人が輩出した。中でも高名なのは山鹿次郎作高厚（1775-1843）であった。兵学者・山鹿素行の子孫にあたる。一刀流皆伝の山鹿八郎左衛門高美（たかみ）の次男で、父に学んだ後、江戸で中西忠兵衛子啓の門に入り、小野派一刀流を学び「当代に比較する者なし」とよばれる達人となった。門下の須藤半兵衛正方（1790-1853）は藩の一刀流の隆盛を支え、幕末の江戸の剣術界でも名の通った津軽藩剣士を多く育てた。

　文久二年（1862）、弘前藩は武芸所「修武堂」を設立。藩内の全剣術流派を集め、防具付き竹刀での打ち合い稽古を行うことを命じ、一刀流が主導的な役割を担うことになった。

【一日目】　北辰堂と武家屋敷見学

　弘前駅で集合。参加者たちと小山師範、修武堂および弘前大学古武術研究会のメンバーと顔合せ。挨拶をかわす。

　駅前から北に進み西に方向を変えるとにぎやかな繁華街、そこを抜けて坂を登ると弘前城だ。およそ2キロメートルちょっとの距離。まず向かったのが、城の東の「北辰堂」道場。小野派一刀流やト傳流の稽古にも使われている歴史ある道場を見学。明治十六年（1883）に創建され、その後、火災にあって再建された。戦後は剣道場として復活。小野派一刀流の笹森順造宗家はこの道場の指導者だった。

武家文化　観光

1日目

10:30〜11:00

「北辰堂」表敬訪問

弘前市長坂町37

▶明治16年に創建され、現在まで小野派一刀流・ト傳流を伝承する剣道場として使用されている北辰堂。廃藩置県後の激動の時代に、武術家のみならず有志の者たちが集い、新たな時代を拓くため激論を交わすなど、文武奨励の拠点でもあったという。①道場外観。②壁には小山師範の祖父・小山秀雄師範や笹森順造師範の名札などが今も掛けられている。小山師範も小さい頃より毎朝通っていたという道場での稽古は、剣道の練習を行った後、ト傳流や小野派一刀流の形稽古が行われている（③④）。

11:00〜12:00

「武家屋敷」実地講習会

弘前市仲町重要伝統的建造物群保存地区｜弘前市若党町ほか

◀①中下級武士の旧梅田家住宅を見学。②サワラの生垣は中から外の様子が伺え、敵襲時には生垣から槍を突いて応じる。③弘前藩士であった旧笹森家住宅にて、武家作法を小山師が解説。客間へ入る前に礼をする際、頭を挟まれないよう用心のため、敷居に扇子を置いておく。④相手と対する際は、目を真っ直ぐ見ずに鼻の先か顎をうっすら見るようにして、感情を隠すようにする。すると相手の心が崩れてしまい、思惑を読み取ることができるのだという（ト傳流「陰の教え」）。⑤茶室への入室時には、ト傳流で「戸〆（とじめ）」と呼ばれる手裏剣を、多数身に忍ばせておいたという。

明治二十四年のねぷた祭りの夜に起きた「北辰堂襲撃事件」を小山師範は語る。対抗する町方の道場が攻め寄せ、抜刀した八十人での乱闘となった。死者一名・重傷二名となる事件。「ねぷた喧嘩」という風紀治安が乱れた18世紀末からある慣習で、昭和初期まで毎年刀槍を携え、道場間で実戦をやっていたというから驚きだ。

　続いて城北の武家屋敷（弘前市仲町重要伝統的建造物群保存地区）へ。弘前城四の丸に隣接する。北からの攻撃を守る位置にあり、複雑な路で敵を迷い込ませ、槍などで生け垣越しに襲撃するつくりとなっている。

　観光を終え、いよいよ初日の体験稽古会場へ向かう。

「弘前藩伝林崎新夢想流居合／卜傳流剣術」体験稽古

　卜傳流は剣聖塚原卜伝が開いた流派。日本剣術の源流とされ、新当流の流れをくむ。越前の中村次太夫が十六世紀後半に津軽に来て、小山次郎太夫貞英（さだふさ）と弟の小山太郎兵衛英長（ひでなが）に伝えた。以後、小山家が津軽藩の師家として伝承した。甲冑剣術と素肌剣術の両方の特徴を持つ。

弘前藩伝
林崎新夢想流居合

1日目
13:30〜16:00
稽古体験❶

◎剣道場福島記念館孔雀荘
弘前市北川端町41
▶今回稽古会場として2日間お借りした剣道場。かつて中央の剣道界からも高名な剣士たちも訪れたという、名門道場である。

　林崎新夢想流は居合の創始者・林崎甚助重信の創流時の古い形式を現在に残す。神夢想林崎流とも言う。新庄藩・常井喜兵衛直則が津軽藩に移り伝えた。藩主の弟・津軽玄蕃の目の前で、常井は三尺三寸の長刀を抜き、橋の上を飛ぶ燕を真っ二つに切って驚かせた。當田流剣術師範・浅利伊兵衛に伝授され、津軽藩士たちに広く行われるとともに、小山次郎太夫などの名人が輩出した。

　体験会最初「林崎新夢想流居合」を指導するのは、弘前藩伝・林崎新夢想流居合稽古会会長・外崎源人師範である。なお、本会で稽古する林崎新夢想流居合は小山家と浅利家の伝承をもとに復元したものである。

　林崎流で扱うのは、刃渡り三尺三寸（約 1 メートル）、柄を入れると五尺（1 メートル 50 センチ）の長さとなる長尺刀である。相手をつけた二人組で形を稽古する。敵は至近距離で前方に座り、九寸五分（28.5 センチ）の小刀で突いてくる。これを抜刀して防ぐのだが、難しい前提だ。

　まず「押立」の形、さらに二つの形を体験稽古で行った。参加者たちは慣れない動きで、下半身に疲れがたまるため、何度も休憩をはさんで進めていただけた。

　筆者は関口新心流の居合を行っているが、刀は常寸であるが、敵が至近距離から小太刀で足などを切りつけてくるという設定である。相手をつけて稽古することもある。また、あぐらのように足を内側に折り曲げた姿勢で座る。こうした類似は開祖・関口柔心氏心が林崎流の開祖・林崎甚助重

一本目「押立」

◀指導側、参加者一同、礼法から稽古開始（①）。「跌踞（ふきょ）」という姿勢で座る（②）。つま先を立てた正座から右膝を立て、左踵を尻に右踵を左すねの内側につける。あぐらのように膝が開いた姿勢となる。両足の動きが制限される。立ち上がるには骨盤に対してつま先と膝が外を向いている状態から、股関節に対して大腿骨が外に回る動きを使うといいように感じた。

　刀を抜くには、柄で相手の左二の腕を押さえたまま、柄を前に出さずに、その場に低い姿勢を保って、重心を沈め、身体を左へ開きながら、後ろに左の足腰を伸ばす。するとマジックのように刀が抜ける（③④）。下半身はかなりのストレッチになる。

　現代武道では相手に対して正面を向くことが多い。試合競技として勝つために有利だからである。こうした姿勢に慣れないために難しい。だがこの稽古により重心が落ち、腰が据わる、身が軽くなった体感がある。
▶型の順序は、長い柄で相手の左二の腕をおさえつ、相手が小刀を抜く気配を感じたら、抜刀し、相手の胸の前に刃を水平に斬りつける。さらに鞘で左眼を打つ動作「非打（ひうち）」で、己の体を正対へ戻す（⑤⑥）。抜いた刀を頭上で回し水平にして構える。これが誘いで、相手が突いてくるのを、長刀で防ぎながら、相手の左首筋から肩を袈裟に斬り下ろす（⑦⑧⑨）。

卜傳流劍術

1日目
16:30〜18:00
稽古体験❷

▶小山師範による「中段の構え」。左肩を前に柄を相手に向ける。右手の指先で気をとらえる。

信から居合術を学んだことに由来しているだろう。

　続いて、卜傳流剣術（弘前市無形文化財）を小山隆秀師範に指導いただく。
　大太刀表一本目「生々剣（せいせいけん）」を体験する。基礎稽古である。構えと歩法、そして相手との間合いを学ぶ。
　この形を行うための、木刀の持ち方に説明がある。左手は唐傘の柄をもつように手首をまっすぐにして軽く握る。右手は鶏卵をつかむように力をいれないで包み込むように握る（上写真）。
　これは弓道の師範が解説する命中精度があがるというコツと同じものだ。この「中段の構え」は矢を番えて相手を狙う弓の構えを連想させる。
　生々剣の“手の内”は伝承の教えでは、初心者には教えないとのこと。探求心が芽生え、自ら姿勢や剣の握りなどに工夫が必要なことを理解してから、初めて教えていくという。体験稽古ということで、ご好意で教えていただいたわけだが、本来の教伝方法は古武術の真意として知っておくべきだろう。

大太刀表一本目「生々剣」

▲仕太刀（左側）は剣を相手に向かって差し出す。前にひっぱられるような感覚が生まれ、これにしたがって前に進む（①～③）。この時、気・意・体が一致した感覚を覚える。
　打太刀（右側）は刀を顔脇につけたような「中段」の構えで待つ（前頁写真）。他流では「霞の構え」ともいう。剣を構えた仕太刀がぎりぎりまで近づいてくるのを待ち、右足を前に踏み出して仕太刀の刀の側面をこするように切り落とす。刀の側面をぎりぎりに切り落とす技術が必要だ。力みがあると、刃筋をまっすぐに立てることができない。仕太刀は相手に向けた気を切らず速度を変えることなく、不動の心と姿勢でまっすぐに突っ込んでいく。

▲當田流剣術・神亮太宗家も今回の卜傳流体験会に特別参加（④）。
　次に大太刀表二本目「陰」。距離を取り、双方は「中段」に構える。互いに足を進め、打ち込める間合いに来たら、双方が同時に打ち込む。仕太刀は重心を沈めこみ、一気に体操作で真っ直ぐに切り下げる。打太刀の振り下ろした刀の軌道が外れ、仕太刀が体の中心を打つ。相打ちに近い状態だが心気体を一致させた「拍子」により、ぎりぎりの勝ちを得る極意技である。小野派一刀流の極意「切落」を連想させる。
　さらにその発展形の稽古として、陰の理合を知るために腕を押さえつける相手を構えと姿勢で崩す実験を行った。
　両腕をしっかりとつかまれた仕太刀が、打太刀の重心をとらえ体勢を崩す。伝統武術で言う「力を抜く」の具現によってできる技である。歩幅を広くとり、重心を落とす。下半身を柔軟にする。中段の構えから意識を後方に起き、肩から力を抜き、腕を伸ばし、体の中心で相手の押し込みを受けとめる感覚で剣を振る（⑤⑥）。
　筆者の感覚では、卜傳流は心技体を一致させた体感覚を重視する合気道に通じるものがあった。

稽古後の「ケの汁」懇親会

　道場で津軽の郷土料理「ケの汁」を作る。ケは粥の意味という。大根、人参、ごぼう、油揚げ、凍み豆腐、大豆、昆布、味噌を使った鍋料理だ。嫁が正月に里帰りする間の男衆の食事として大鍋につくりおきするもの。凍りつき保存食となる。これを温めなおして、何日も食べるという。飽きの来ない味でいくらでも食べられる。

　稽古後、参加者たちはケの汁のうまさに打ち解けて、楽しい談話で、津軽の夜を楽しんだ。

1日目
18:30～21:00
懇親会

▲▲体験稽古後は、道場内にて郷土料理「ケの汁」を囲んで懇親会を開催。

【二日目】高照神社と弘前城訪問

　午前は史跡見学。弘前市郊外へ出て岩木山麓の高照神社を訪ねる。ここは津軽藩四代藩主・津軽信政の廟所（びょうしょ）に建てられた神社。社殿が国重要文化財に指定される。隣接した「高岡の森弘前藩歴史館」は鎌倉時代の太刀や奉納絵馬など資料を多数展示しており、弘前藩の歴史が学べる。

　津軽信政公はもっとも英名な藩主とされ、大規模な新田開発と検地、鉱山開発や蝦夷地のアイヌの蜂起の鎮圧に出兵するなどの功績があった。優れた武芸者たちを召し抱えたが、自らも小野派一刀流や関口流居合に熟達していた。

　秋の風景を堪能して記念撮影。

　市内へ戻り三重の堀で囲まれた弘前城へ。本丸は石垣で囲まれるが、外の二つの丸は土塁。しかし、そのつくりがしっかりしていて、この地の土木技術の高さをうかがわせる。

　観光気分を満喫した後、午後の稽古へ向かう。

高照神社と弘前城訪問

2日目
9:30〜12:00
武家文化観光❸

●高照神社 |
　弘前市高岡神馬野 87
●弘前公園 |
　弘前市下白銀町 1

▲▶①高照神社にて、イベント参加者一同で記念撮影。②高照神社に併設された「高岡の森弘前藩歴史館」を、県内博物館の学芸員として勤務する小山師範の解説付きで観覧。③弘前城北の郭に明治44年に建設された武徳殿は、現在喫茶店付きの休憩所として利用されている。店内へは土足で入店。剣道場板の間へ靴のまま上がるのは、武道家にはかなり勇気がいるかも⁉

【弘前藩武士の嗜み】

「根笹派大音笹流錦風流尺八」と呼吸修練法

ねざさはおおねささりゅうきんぷうりゅう

▲弘前大学・山田史生教授。

　弘前には、江戸時代の武士たちによって修練されたきた、貴重な尺八流派「根笹派大音笹流錦風流尺八」が伝わっている。今回の訪問時に、本流派を伝承する、青森県技芸保持者・山田史生師範（弘前大学教授）に話を伺うことができた。

　錦風流尺八とは、虚無僧が托鉢時に吹く尺八とは異なり、弘前藩第9代藩主・津軽寧親の命により、武士の心身鍛錬のために用いられたものなのである。つまり、尺八を音楽のための楽器としてではなく、「自己（自らの身体と精神）を知り、世界と一体化するため」の道具であると捉えているところに特徴があるという。

　その鍛錬の最大の眼目は「呼吸」である。呼吸法は「鼻から3かけて息を吸い、2止めて、15かけて息を吐く」。1カウント1秒だと、一呼吸20秒、1分間に3呼吸、長く深くと息をつないでいく。

　「呼吸」とは内と外をつなぐもの。武術にとっても重要な極意を、弘前藩士たちは、尺八によって修行してきたのだ。

▶卜傳流・小山秀弘宗家（写真・左端）のご実家にある稽古場をお借りして行った本取材の動画を、WEB秘伝ギャラリーにて公開（左記QRコードよりアクセス）！ 錦風流尺八の音色とともにお楽しみください。

「當田流剣術／當田流棒術」体験稽古

　當田流の流祖・富田勢源は、戦国時代の名門剣術・中条流の使い手で、小太刀の達人として名高く、一説に佐々木小次郎の師としても知られている。

　越前の人・富田半兵衛吉正（？ー1694）により津軽藩に伝えられた。富田は江戸では柳生但馬守や小野次郎左衛門と並ぶ武術家として知られたが、交流していた由井正雪が幕府への反乱を企てたため、嫌疑を避け、津軽に逃れた。藩主・津軽信政は藩の武術師範を命じた。この時、姓を改め、當田とし、流派名もその字を用いた。浅利伊兵衛均禄（1658ー1718）が印可を得て、流派を継いだ。浅利は廻国修行を行い、剣理を深めた。

　當田流は元々、太刀・棒・管槍や半棒術を含む武術であったが、失伝の危機を乗り越え、剣術と棒術が現代に継承されている。

　「當田流剣術（弘前市無形文化財）」体験会では、神亮太十九代宗家より、はじめに當田流の構えを習う。

　続いて、表目録「諸上」の形。皮膚感覚で相手の動きを察知し、ぎりぎりで受け、かわしていくのは甲冑剣術のもつ要点だろう。受ける、外す、触れる、なびかせる、打つ、それぞれの動作における拍子がこの形に集約されているようだ。

当田流剣術

2日目
12:45〜14:15
稽古体験❸

▶はじめに當田流の構えを習う。まっすぐに立ち、刀は刃先を下に身体の真ん中に伸ばして力を抜く（右写真）。若い時の宮本武蔵の絵もこのような姿勢だ。

　これらを学んだ後、裏目録の小太刀形へ。富田勢源の小太刀として著名な技である。一本目は裏目録「合位（あいい）」。続いて二本目「波返（なみがえし）」など、数手を習う。いずれも太刀の間合いに入り込み、摺込み・跳ね上げ・掬い上げといった技を繰り出す。刀と比べて強力ではない武器で戦う神道夢想流杖術と共通する技法である。

　短い体験ながら、この高名な小太刀術に触れ、精緻な身体操作を知ることができた。

　最後の体験稽古は、清水宏二（しみずこうじ）宗家による「當田流棒術」である。

表目録「諸上」

▲表目録「諸上」の形。写真①：打太刀（左側）は左足前の八相構え。仕太刀（右側）は両足を大きく開き、右足前に、剣を斜めに傾け前に出した構え。写真②③：打太刀（右側）が頭上を打つ。仕太刀（左側※卜傳流・小山師範）は左上腕に刀の刃の背をつけて、空手の上段受けのように受ける。後ろにのけぞり、受けた相手の刀を前に落とす。写真④：打太刀（左側）は後ろに退き、仕太刀（右側）は下段に刀を伸ばし、剣先を打太刀の刃先にふれ、前に歩み、打太刀を追う。写真⑤⑥：打太刀は突きで反撃する。仕太刀は流して上段から打太刀の籠手を打つ。刀の先端を打太刀の目につけ残心。

小太刀形 二本目　裏目録「波返」

▲小太刀を持つ仕太刀（右側）は素早く駆け寄り、下段に構える打太刀（左側）の鍔元を抑え、はね上げる。打太刀が上段に構えるのを脇を切り抜けながらすり抜け（①②）、踵を返して、元の方向に向く（③④）。下段に斬ってくるのを剣をのばし差し込むように受け止め（⑤）、踏み込んで巻き上げ（⑥）、籠手を打つ。小太刀形らしい太刀の攻撃をすりぬけるような小回りの効いた技だ。

當田流棒術

▲いくつかの形の演武を見せていただいた。棒対太刀で行われるが、棒は重いだけに打ち込みが激しい。形では木刀の鍔を激しく打つのだが、小手の防具はミットを二重にしたような大きなものだ（上写真）。それは棒の攻撃による危険性を示している。

剣を持つ相手に対して、棒で上下を交互に攻めて、寄せつけない。近接してきた攻撃をひっかけて跳ね上げ、打ち込むといった基本攻防が見られた。

裏二本目「小手流し」

▲棒を両肩に水平に担ぐようにして構えた仕方（上写真①）は、打方の喉元に突き入れようと間合いを詰める。小手を切ってくる太刀の鍔元を棒で直角に受け（下写真②）、太刀を押し返しながら横に薙ぐように、擦り流す（③④）。体験会では安全のために高い位置で受けるようにしたが、実際には棒の突きを避けながらの太刀の振り始めを受けるので、もう少し低い位置で受け太刀の勢いを止め、そのまま相手の頭を打ちつつ、太刀を薙る動作となる。

▼稽古体験を終え、参加者一同で記念撮影。

▲當田流棒術・栗林月師範が、足の動きに合わせて下から突きあげる棒の振り方を指南（①〜③）。

　基本的な棒の振り方を習う。足を出して打ちおろす。長さ六尺三寸の棒はかなり重さがあって、初めて持つと腕力で振り、後で筋肉痛に悩まされるものだ。前後に進む重心移動に伴った身体操作を身体に練り込ませなければならない。続いて足の動きに合わせて下から突きあげる。体験者たちには疲れが見えてきている。初めての動きは頭の理解と身体の動きを合わせるのが難しい。

　棒は重さでコントロールが効かないから初心者には真っ直ぐ打つことはできないものだ。軌道が定まらない打ち込みは、受け止めづらいし、床に撥ねて自分を打つなど、思わぬ事故が起きる。今回は太刀を持った相手と組になった打ち込みは行わなかった。安全上の配慮である。

【北の案内人（小山隆秀師範）が語る】

旅せよ武人！

▶今回のイベントでは、かつて先祖がト傳流を修めていたという當田流を、小山師範がなんと数百年ぶりに体験稽古するという、時空を超えた「交流会」ともなった！

　武術・武道は、もともと人々の暮らしのなかで需要があって生まれ形成されてきた、個人と集団が生きること、死ぬことに関わる技術と知恵の総体であろう。

　前近代までの各地には、それぞれの風土と歴史と暮らしのかたちがあった。

　たとえ同じ流儀であろうとも、それぞれ自らが置かれた環境に応じるため、創意工夫も加えなくては生きていけなかったことだろう。そこに独自の技法と哲学が生まれ文化として熟成したのではないか。

　よって後世の我々も、実技稽古を一番としながらも、その技が生まれ育まれた土地の風土や歴史も体験してみれば、なぜこのような技が必要とされたのか、ルーツを追体験するなかで腑に落ちてきて、より実技稽古の奥行きも増すのではないか。

　今回の弘前武術体験イベントでは、そのことを改めて考えさせられたとともに、同じ津軽で伝承されてきた他の御流儀の稽古も体験できた。大変貴重な

学びだった。同じ環境下でも、いかに対応していくかにおいて、共通性とともに、このような方法もあるのかと差異も知り、武の多様性と可能性を体感できた。深く感謝したい。

　日本や世界各地には、まだまだ多彩な武の技と文化が伝承されたり、埋もれている。その歴史と特性に気づき、新しく紡いでいく人との出会いを待っているはずだ。その御縁は修行者自身も豊かにしてくれよう。旅せよ武人。

武術体験を終えて

二日間にわたった武術観光と体験稽古の全てのメニューを終了した。

注意すべき点は、一に安全への配慮と、二に十分な休憩である。

体験会ではその性質上、じっくりと身体を作っていくことなしに、早足にメニューを進めて行くわけだが、指導の目が十分行き届くかも重要だ。休憩を多く取り、その間に聞いた情報を整理するのも大切だ。自分の行っている武道に引き合わせて理解してしまうところもあり、一方で新たな発見と理解の深まりがあるはずだ。

今回の訪問に際し多くの準備やご配慮、受入れをしていただいたことに大いに感謝をしたい。　■

Amazing Aomori !!
弘前の武術特別体験イベント

●期日：2022年10月29日（土）〜30日（日）
●場所：青森県弘前市内各地
●主催：月刊「秘伝」（BABジャパン）　●協力：修武堂

今回のイベントには、記者のほか、剣道／居合／地元古流などを稽古する読者も複数名参集。宿泊は弘前市郊外の「英国貴族の館アグリインホリデー」。近隣には温泉もあり、岩木山を一望するりんご畑が広がる気持ちのよいアコモデーションを一同で貸切利用。また、弘前の食事としては、地元の食材を活かしたフランス料理なども実は有名。「ケの汁」などの郷土料理と合わせ、ぜひ訪問の折には "武術" とともにご堪能あれ！

【連絡先】

◎弘前藩伝林崎新夢想流居合研究稽古会　Twitter@hayasizaki1070
https://www.facebook.com/profile.php?id=100064856583960　※問合せは DM にてお願いします。
◎卜傳流剣術　shubudo21@yahoo.co.jp（小山隆秀）
◎武術研究稽古会 修武堂　https://bokuden1969.hatenablog.jp/　Twitter@shubudo21
◎當田流剣術　TEL090-4477-2078（神亮太）　◎當田流棒術　kouonchiyuui@yahoo.co.jp（清水宏二）

無外流居合「形・組太刀・試斬」

伝統と革新が織り成す 古流武術 21 世紀モデル

日本在住のギリシア人武道ライター・ミリアレシス氏が、
この度、辻月丹を流祖とし、かの新選組三番隊隊長・斎藤一が修めたとも
いわれている実戦居合、無外流の稽古を、直撃体験！ ご指導いただいたのは
東京都台東区浅草・蔵前に本拠地を構える「鵬玉会」代表 武田鵬玉会長。
「形」「組太刀」「試し斬り」の三本柱で成る"21世紀の古流"を学ぶ!

取材・文◎グリゴリス・ミリアレシス（Grigoris Miliaresis） 翻訳◎遠山淳子
（※注：本記事は秘伝2021年11月号へ掲載したものです。情報は原則、掲載当時のママとしています）

国際居合道連盟鵬玉会

左から順に北見俊治氏、武田鵬玉会長、ミリアレシス氏、安村凰玉関東ブロック長。

もう一度、居合を定義する

　私は武道ライターとして、雑誌『秘伝』と WEB
サイト「BUDOJAPAN.com」への記事執筆の仕事
を BAB ジャパンでさせてもらっているが、あまり
知られていない他の仕事に日本武道に関するオン
デマンドビデオの翻訳がある。ビデオ翻訳は 2 秒
ごとに戻したり進めたりと、確認の繰り返し。 お
かげで幾つかの流派を極微細に観る機会となった。

　無外流明思派国際居合道連盟鵬玉会とその会長
武田鵬玉七段師範との出会いもこの仕事だ。BAB
ジャパンは武田会長の無外流入門 DVD 1・2 巻
を制作、これを何度も観るうち鵬玉会の居合の取
組みに興味が湧いてきた。

　無外流の全ての流れ同様、明思派は近江国（現
在の滋賀県）出身の辻月丹（1648 — 1728）の系
譜だ。月丹は京都で山口流剣術、江戸で自鏡流居合、
吸江寺の開祖石潭 良 全に禅を学んだ。月丹が悟り
の境地に至った時、禅師から受けた偈は「一法実
無外」で始まっていた。「一法実に他無し」、そし
て「無外」は彼の別名となり後に流派の名となる。

　流派は第 11 代中川士竜申一宗家（1895 —
1981）の時に革新的な変革が行われ、幾つかに分かれた。武田会長の無外流明思派は新名玉宗豊
明（1948 年生）を長とする。

　現在欧州で最も盛んな道場の一つアテネ風流道場で、私
がかつて全剣連居合道を修行したのは『秘伝』読者には周
知だ。同時に相手に対する現実感と居合が乖離している
と感じ、結局止めたのも秘密ではない。薙刀の私の最初の
師匠は、私が現在も続ける薙刀流派の技を基に居合の形を
創ったが正直、居合を広義の剣術の一部として稽古したこ
とはない。

● **武田鵬玉**
Takeda Hougyoku

国際居合道連盟鵬玉会会長。無外真伝無外流居合兵道教
士七段免許。居合道会理事。1999 年、国際空手道連盟
極真会館 福岡県下道場交流試合大会で優勝。2010 年、
新名玉宗無外流明思派宗家から武号「鵬玉」を授けられ
る。2017 年、340 年を超える歴史を持つ無外流免許受領。
東芝の PR 動画、東映ビデオ「警視庁抜刀課 Vol.1」居合
監修、全米 3 大ネットワーク NBC の東京オリンピック
用動画、関西観光本部の動画等、メディア出演・協力多数。
2020 年、スコットランドから英国政府公認 OSS 勲章を
授与。代表作 DVD「無外流居合入門」（BAB ジャパン）。

三本柱は四本

　鵬玉会の無外流が私を惹きつけたのがこれだ。そこには
形・組太刀・試し斬りの三本柱がある。つまり空を斬って

無外流流祖・辻月丹。

自由組太刀用の剣と防具

鵬玉会の自由組太刀では、塩ビパイプを芯とした特製のソフト剣を持ち、腰には鞘代わりの吊革の輪、頭と手には空手や格闘技用の防具を装着する。

学んだことはまた敵を斬ること（もちろん木刀で）、畳表（俗に巻藁）を斬ること（もちろん真剣で！）にも使える。居合を稽古する大抵の人に足りない何かが、無外流の修行者には十分に提供される。

　だが、極真空手とその競技大会優勝、指導経験を背景に持つ武田会長は全く新しい段階まで踏み込んだ。「自由組太刀」の導入だ。居合の試合と言えば、私が見た中で一番近いのは「居合道大会」だ。

　全剣連にも「居合道大会」がある。二人の居合道家が並んで同じ形を行い、最も優れた演武をした人が勝利する。その価値に疑いはない。が、私はこの活動を武道として認知できなかった。確かにこれは居合道家が自分の剣術が敵に対してどうなのかを見る場ではない。もちろん、全剣連だから居合道家はほぼ剣道家で防具を着け充分に組稽古している、との意見もあろう。が、それはそれ、やはり私は居合の組太刀は技を試す良い方法だと考える。それでもまだ自由の要素は足りない。組太刀も形なのだから定義上は予測可能だ。

自由（というほどではない）即興

　武田会長の自由組太刀に入ろう。会長は戸山流が撃剣で使うようなソフト剣、鞘代わりの吊革の輪、頭と手に空手の防具、一定の規則を用いる競技を生み出した。その中心は無外流居合、素早く抜き、敵を斬り、その後相手に斬られないようにする能力だ。江戸の街並みを無外流の剣術家が闊歩する日に戻ったら、多分こんな風に太刀で戦ったろう、いわば模擬訓練だ。

　斬新な工夫はさておき、福岡出身58歳の会長は稽古の組立ではこの上なく伝統的だ。所作（座、礼、刀礼、帯刀）に始まり歩き方、刀剣の取扱の基本（抜き、斬り、納刀）、居合の基本形、約束組太刀、

弟子はこれらを会得して試し斬りや自由組太刀へと移る。

　浅草に隣接する蔵前の鵬玉会本部道場訪問もこの構成で行われた。武田会長と六段指導者・鵬玉会関東地区の安村凰玉ブロック長、その弟子 北見俊治氏がそこで迎えてくれた。

　ビデオでも直ぐにわかるが、無外流の稽古内容は体系的だ。居合の形（各五形で構成される四組・五用、五箇、五応、走り懸かり）から組太刀（三組各五形・太刀打之形、脇差之形、剣術形、一組十二形・神či流で構成）を繋ぐ理がある。刀が鞘を離れる最初の技「初太刀」で斬る一瞬に重点を置く、敵に従い自分の動きを変える、敵を誘い脇へ（できれば背後に）回る。こうした要素が居合、組太刀、自由組太刀に、そして試し斬りにも見られる。

形：基本一

　古流流派でよくあるように、最初に教わる形「基本一」はまた最後に学ぶ「万法帰一刀（ばんぽうきいっとう）」である。我々も立ち技の居合形「基本一」から稽古に取り組んだ。

　自然に立ち、手を刀へ持っていく。即座に縁の脇や内側でなく後方から親指で鍔を押して鯉口を切り（無外流ではこれを「控え切り」と呼ぶ）、鞘引きしながら左足を一歩、次に右足を踏み出し横一文字で水平に斬る。更に左足をもう一歩踏み出しながら刀を切っ先あがりで頭の上に振りかぶり、右足で最後の踏み出し、真向を垂直に斬り落とす。そして倒れた敵に刀を下ろし、右足を一歩下げ、血振り、納刀、右足を左足に寄せる。

　抜刀時の鞘引き、正しい刃筋、大きな斬りの動き、正確さ、正しい目付、動きが終わった後の残心。武田会長が事細かに力説するのは、古

無外流の最も基本とされる形。自然に立ち、右手を柄にかけ、左手で後方から親指で鍔を押して鯉口を切る「控え切り」を行う（❶）。鞘引きしながら左足を一歩、次に右足を踏み出し、横一文字で水平に斬る（❷❸）。このとき手首と刃が水平になり、親指で刀を押さえることで“斬れる”手の内が生まれる。

控え切り

手の内の握り

組太刀「霞」

仕太刀（右）は打太刀が抜く構えを見て、小手を制する（❶〜❸）。打太刀は一歩下がり上段に構える（❹）。仕太刀は刀を片手で持って打太刀を圧し、誘い込むように切先を右に開く。打太刀が頭めがけて斬ってきたら、仕太刀は左に踏み出し、打太刀の右腕を霞の構えで制する（❺）。

流・現代問わず居合そのものだ。

限られた時間の中で弟子がより正確に動きを理解できるよう、武田会長はメトロノームを取り出す。音楽を学んだ人なら分かるように、正確な時間感覚を掴むにはメトロノームを使った練習が一番だ。

組太刀：霞

武田会長は独りの居合から約束組太刀への橋渡しに、無外流の根底を流れる繋がりを使った。

形「基本三」に正中線の左側に動き、抜きと同時に相手の小手めがけて斬りつける動きがある。「一瞬」の概念の見事な具現化だ。最初の一歩で斬る、その一瞬で相手のどんな動きも制する。

次に我々が鞘付きの木刀で取り組んだ組太刀の一つ「霞」にも同じ動きが現れる。ここでは仕太刀と打太刀がまず互いに歩み寄る。袴の右を持ち股立ちで歩き始めるのが面白い。仕太刀は打太刀が抜く構えを見て小手を制し、打太刀は一歩下がり上段に構える。仕太刀は刀を片手で持ち打太刀を圧し、誘い込むように切先を右に開く。打太刀が頭めがけて斬ってくると、仕太刀は左に踏み出し、打太刀の右腕を霞の構えで制する。

正しい間合いでの応酬が「霞」の要だ。武田会長は打太刀の小手と腕を斬る時の斬りの角度と間の正確さに特に注意を払う。

もっと動きで理解しようと約束組太刀から自由組太刀に移った。木刀を置き、腰紐（鵬玉会は競技でも使うので赤か白だ）にソフト剣の鞘代わりの輪を下げる。始めは刀に両手を添えて抜き、何よりも相手を斬ることを目指す。全てを最初の一、二手の技で完結しな

自由組太刀

▲◀ソフト剣を用いた自由組太刀では、「霞」の形そのままの小手打ちだと切り返されてしまう（❶❷）。そこで武田会長は小手打ちから外側へ回り、左手で相手を「掛け」て崩し、そのまま間合いを確保するテクニックを披露した（❸〜❼）。

くてはならないので、試合全体は居合のまま、剣道の域まで入り込まない。

自由組太刀　そして試し斬り

　約束組太刀で注意された角度と間を理解するため、武田会長は私に自身の腕に向けて斬り落とすよう求めた。「霞」と「基本三」の最初の技だ。私は言われた通りにし、そこで止まった。と、会

棒の上に置いただけの、無固定の軽い空の牛乳パック。武田会長は座位からの横一文字の抜き打ちで、それを完璧に両断してみせた（①〜③）。非常に困難な試し斬りであり、まさに"斬れる居合"の真骨頂といえる。

長はすかさず切り返してきた！ そうだ、私は約束組太刀の通りに技を行い、それ以上動くことは考えなかった。

　役割を入れ替えると、会長は私の手首を切るや否やもう一方の手を一瞬私に「掛け」、軸を崩すことでバランスを狂わせ、私の背後遠くに移動して身の安全を確保した。私もやってみる。会長の時と同じく、私でもこのやり方は上手くいった。この指導法の価値が証明された。

　訪問の最後は試し斬りの指導だ。私の試し斬り経験は唯一15年前、中国製日本刀カッターで本物の巻藁ではなかったので、きちんとやってみたかった。

　鵬玉会では本当に難しい試し斬りは座ったまま置き藁を横一文字で斬ることと考え、それを牛乳パックで代用、武田会長が完璧に実演してくれた。だが、わざわざ私のために安村先生と北見さんが本物の巻藁を用意し、昭和天皇の陸軍用軍刀を製作した、靖国刀匠の靖徳の昭和14年製作である武田会長所蔵の真剣の一つを試させてくれた。

　袈裟斬り、嘘は言わない。4回で何とか成功、本当に上手くいくのに更にもう一回、努

試し斬り（巻藁袈裟斬り）

▲◀体験稽古の締め括りとして、ミリアレシス氏も巻藁の試し斬りに挑戦！ 4回目で成功し、最後の5回目では安定して斬れるようになっていた（❶❷）。

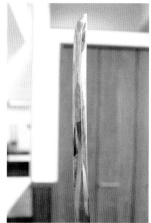

▲試し斬り直後の刀（左）、切断された巻藁の切り口（中）、そして自らが両断した巻藁を持つミリアレシス氏（右）。

▲▼今回の体験稽古の終わりに、武田会長からミリアレシス氏へ修了証が授与された。

力が要った。斬っている時の自分の緊迫した顔には言葉もない。今まで積んだ稽古に支えられ、残心を保ち血振り、その後、納刀。

体験稽古の終わりに

　今回は凝縮された形だったが、無外流明思派の鵬玉会の切り口がなぜ広まっているかがよく分かった。稽古内容が幅広く、日本の剣術を学ぶ多くの人々の理想を満足させる体系がある。

　ここに辻月丹と禅との関り、月丹は江戸時代の大名間で有名な剣術指南役だったこと、新選組の中心人物の一人、斎藤一（1844 ― 1915）も無外流で腕を磨いた可能性があることまで加われば、歴史があり現在に生きる流派を求めるどんな人も酔わせるカクテルが出来上がる。未来はどうか。武田鵬玉会長は全力を尽くしている。初級上級問わずたちまち門弟のお気に入りになった自由組太刀の導入、会長の生き生きとした大らかさが持ち味の指導動画、鵬玉会の積極的なオンライン道場、ここに会長が「単一団体としては日本最大級の伝統的居合組織」と言う根拠があるのだろう。

　この居合の取組み方は今まで見た中で一番面白いと率直に言える。抽象化された武道に対して私（そして恐らく多くの人）が感じる不満や疑問に、約束組太刀と自由組太刀の両方と真剣での試し斬りを一式揃えて応える。この稽古一式と親しみやすく間口の広い姿勢や進取の気性が上手く釣り合い、鵬玉会は 21 世紀初めの他の古流武術のモデルとなるだろう。これらの流派は今日、前代未聞の挑戦に直面し新しい戦略で立ち向わねばならない。無外流の教えのように「敵によって転化を為すは兵法の定理」だ。さて敵と言えば、時間ほど手ごわい敵はいない。

　国際居合道連盟鵬玉会　武田鵬玉会長、安村凰玉ブロック長、北見俊治氏に個人的にもお礼を申し上げたい。温かく受け入れていただき、忍耐強く全てを体験させてくださった。しかも体験の修了証までいただいた。この道場訪問の素晴らしい記憶は、修了証のようにいつも私に添い続けると確信している。　　　　　　　　　　　　　　　　　　　　　　　　　　　　　　■

● 体験者

グリゴリス・ミリアレシス
Grigoris Miliaresis

ギリシャ、アテネ出身。2011 年より在日。1987 年より IT・武道中心に新聞、雑誌に執筆。2008-10「Journal of Asian Martial Arts」誌ギリシャ版編集長。傍ら「五輪書」「不動智神妙録」「兵法家伝書」他武道に関するギリシャ語翻訳本を多数出版。幼い時より日本武道に興味を持ち、1986 年より松濤館空手、合気道、居合道、剣道、新しい薙刀等アテネで学べる日本武道をすべて学ぶ。2007 年天真武甲流薙刀術をアテネで始め、現在は船橋道場で稽古を続ける。2016 年より小野派一刀流剣術に入門、禮楽堂にて稽古に励んでいる。
http://about.me/GrigorisMiliaresis

【取材先HP】
◎国際居合道連盟 鵬玉会　https://mugai.org/

第3章　GoTo 南海の"武の故郷"

肌で感じる空手の歴史！
［流派別］沖縄空手史跡ガイド

かつての「琉球王国」の伝統を今に伝える"沖縄"。
そこで醸成された「空手」には、本土とはまた違った武の歴史が息づいている。
その深い伝統を感じられることこそ、観光地として名高い沖縄の
「もう一つの顔」と言えるだろう。
空手の故郷、沖縄の地に記された先人たちの足跡を辿る旅へ、自身、
何十回と同地を訪れ修行された空手家、佐藤哲治師範に、御案内いただく。

（※注：本記事は秘伝 2021 年 1 月号へ掲載したものです。情報は原則、掲載当時のママとしています）

●Text by
佐藤 哲治
Sato Tetsuji

1971 年 6 月生まれ。剛柔流拳法師範。
沖縄空手道拳法会静岡県支部 剛琉館館長。
久場良男師と、その高弟である新城孝弘に師事し、沖縄と地元の御殿
場市を行き来しながら、自らの修練とともに、国内外を通じて剛柔流拳
法の指導に当たる。

発祥の地沖縄の空手名所めぐり

　沖縄の空手を学ぶ中での大きな楽しみの一つに、沖縄への旅があります。普通に観光するだけでも魅力いっぱいの沖縄ですが、そこが空手発祥の地であって、「めんそーれ」と優しいウチーナグチ（沖縄の方言）で温かく迎えてくれる。そして、本場のレジェンドな先生方に稽古をつけていただきながら、様々な空手関係の名所を巡ることができ、美味しい料理がいっぱい。となると、空手を学ぶ者にとってこれ以上魅力的な場所はありません。やはり現地に行ってみたからこそ学べることがたくさんあります。

　中でも空手関係の名所については現地なればこそ。2017年3月にオープンした沖縄空手会館はじっくりと見学したい場所ですが、それ以外にも半日の時間があれば、那覇市周辺でも首里手、泊手、那覇手の3大系統に関わる名所をいくつも巡ることができます。是非、発祥の地の空気を吸い、土地のものを食し、空手にまつわる名所を訪ねてみてください。

　沖縄全体では北から南まで、数々の空手に関わる名所がありますが、ここでは那覇市周辺の

▲ 2017年3月に開館した沖縄空手会館。沖縄における空手の殿堂となるべく期待されている。

▲空手着などの開発、販売の老舗「守礼堂」本店。こちらも空手家ならば一度は訪れてみたいところだ。2019年6月に旧店舗から、崇元寺通りを挟んだはす向かいに移転。

代表的な名所をご紹介させていただきます。1日時間が取れるのであれば、午前中に沖縄空手会館をじっくりと見学し、会館内にあるレストランで「空手そば」の昼食をいただいたら、午後から各名所を周遊、空手専門店「守礼堂」でお買い物をして締めくくるというのも楽しいでしょう。

　なお、名所には公園などの公共施設に設置された顕彰碑等に加え、大家の先生のお墓もあります。お墓については、先生方を含め周囲にも多くの方がお眠りになっているので、訪れる場合には十分にご配慮ください。今回、取り上げさせていただくお墓については、原則として、顕彰碑等が併設されたものとさせていただきます。

〈首里手系〉沖縄武士たちの足跡

●船越義珍顕彰碑（沖宮）

　琉球八社の一つ沖宮の神社階段下、鳥居の脇には、松濤館の開祖 船越義珍先生を顕彰した「空

▼◀船腰義珍顕彰碑を囲んで。碑の脇には、佐藤先生の名前も刻まれている。

▲左／「沖縄空手・首里手の始祖　拳聖・松村宗棍ここに眠る」。糸洲の師でもある宗棍は、幕末〜明治期の空手に絶大な影響を与えた。
▲右／「平安」の型を創作し、唐手の学校教育導入に尽力した「拳聖糸洲安恒先生顕彰碑」。

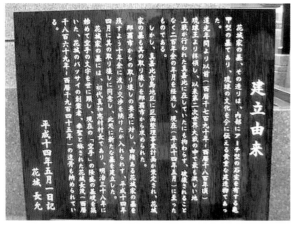

▲花城長茂の墓。花城はその著述において初めて「空手」の文字を用いた糸洲安恒の高弟。糸洲を補佐して、学校での空手指導を手掛ける。

手に先手なし」の碑があります。

スタジアム脇の駐車場から10分程度歩きますが、沖宮への参拝と併せて行きたいスポットです。

私事で恐縮ですが、顕彰碑の脇に私の名前も刻んでいただいてあるのがちょっと自慢です。

●松村宗棍、糸洲安恒、花城長茂顕彰碑（那覇市真嘉比の共同墓地）

真嘉比中央公園の北東約100メートルに位置する共同墓地には、首里手の始祖とも言われる松村宗棍先生、「糸洲十訓」で有名な糸洲安恒先生、糸洲先生の助手を務め、沖縄県立第一中学校で空手を指導、明治38年にその著述の中で「空手組手」として「空手」の文字を初めて使用された花城長茂先生のお墓があります。それとともに、先生方の功績等を顕彰する碑がそれぞれ設置されています。

共同墓地全体がそれほど広いわけではないので、共同墓地にさえたどりつけば、自力で探すことができ、3つのお墓は近接しています。共同墓地のすぐそばには、モスバーガー那覇真嘉比店があります。

1か所で3名の大家のお墓、顕彰碑に接することができる、首里手系愛好家必見のスポットです。

●知花朝信顕彰碑
（首里山川町公民館）

首里高校の北側、直線方向約200メートル弱の首里山川町公民館に、2018年8月に設置された小林流開祖　知花朝信先生の顕彰碑です。

▼首里手本流のひとつ小林流空手道開祖「拳聖 知花朝信顕彰碑」。15歳の時より糸洲安恒の直弟子として空手を学んだ糸洲最晩年の愛弟子。戦後初の沖縄空手道連盟、初代会長。

◀「空手古武術首里手発祥の地」顕彰碑。2018年7月、首里城の至近に設置された。

▶松村、糸洲の高弟のひとり、屋部憲通が空手を指導した沖縄師範学校跡地の碑。

●空手古武術首里手発祥の地顕彰碑 （首里崎山公園）

首里城公園のすぐ南側にある首里崎山公園に、2018年7月に設置されました。

残念ながら、首里城正殿などが2019年の火災により焼失してしまったものの、現在も見学可能な首里城公園と併せて行ってみたいスポットです。

●沖縄県師範学校碑（沖縄県立芸術大学）

「屋部軍曹」の渾名で有名な屋部憲通先生が指導に当たられた沖縄県師範学校の碑が、沖縄県立芸術大学敷地内に建立されています。屋部先生が亡くなられた後は、宮城長順先生も指導に当た

◀（写真左より順に）松濤館を開いた船越義珍。糸洲安恒の最初期の弟子の一人・花城長茂。糸洲安恒に学び小林流を開いた知花朝信。松村宗棍、糸洲安恒、松茂良興作にも師事した屋部憲通。

【首里手系の逸話】 松村宗棍と識名園

松村宗棍先生は、第二尚氏王統17代尚灝王、18代尚育王、19代尚泰王の三代にわたり、琉球国王の御側役として仕えました。薩摩の示現流も学び、その術理をも取り入れた首里手の祖ともいえる大家です。晩年は王家の別邸であった識名園の管理をなされていました。チャンミーグヮーこと喜屋武朝徳先生も、ここで松村翁に指導を受けたとされています。

そんな松村宗棍先生と奥様のツルさん、そして識名園には、次のような逸話が遺されています。

ツルさんは、裕福な家の生まれで、とても美人である一方、男性顔負けの剛力の持ち主でした。腕自慢の男と勝負しても負けたことが無く、「女武士」と呼ばれていました。

そんな評判を聞きつけた若き日の松村先生は、そんな女性こそ妻にふさわしいと結婚を申し入れます。しかし、結婚のためには、ツルさんと勝負して勝つことが条件とされ、一度は敗れたとも言われています。敗れた松村青年は更に修練を重ね、遂には勝利し、夫婦となったということです。糟糠の妻の支えの中、その後の松村先生のご活躍はご存知のとおりです。

▶松村宗棍が晩年、管理を務めた琉球王家別邸「識名園」。

時は流れて明治時代。琉球処分を経て沖縄は完全に日本の統治下に組み込まれる中、識名園には日本の軍隊が駐留します。ある日、一人の老婆が大きな袋をふたつ「とうせんぼ」をするように、識名園の通路に置きました。兵士たちは老婆を怒鳴りつけましたが、老婆は一切意に介さず去ります。兵士たちは袋をどけようとしましたが、あまりに重くてびくともしません。ただ唖然と老婆を見送るだけだったそうです。この老婆こそが、王国時代、識名園の管理人をしていた松村宗棍の奥さんだったということです。

世界遺産にも登録される識名園、こんなエピソードに思いを馳せながら散策を楽しむのも、空手を学ぶものの特権でしょう。
※明治期のエピソードは、テラスガーデン美浜リゾート（北谷町）の儀間さんのお話を引用しています。

られています。首里城見学に合わせて見学してみるといいでしょう。久慶門から下って円覚寺を過ぎた左手の通り沿いから見学できます。

●識名園 （松村宗棍が勤めた琉球王家の別邸）

晩年の松村宗棍先生がお勤めになられた王家の別邸で、世界文化遺産になっています。美しい庭園は必見ですが、一歩立ち入ると、凛とした佇まいの中にも、空間全体がマイナスイオンに包まれたような不思議な感覚に、身も心も清められた気持ちになる、何度でも訪ねたくなるスポットです。

〈泊手系〉武士松茂良と漂着民伝説

●松茂良興作顕彰碑 （新屋敷公園）

那覇市泊3丁目の新屋敷公園には、本部朝基先生や喜屋武朝徳先生も師事した泊手の大家、松茂良興作先生の顕彰碑があります。駐車場がないので、さっと記念撮影だけ済ませるといいでしょう。現在、その隣に、松茂良の流れにも学んだ松林流開祖・長嶺将真先生の顕彰碑建立計画が進められています。

▲泊手の代表的な空手家、松茂良興作の顕彰碑。

▶かつて琉球における外国人たちの活動拠点であった聖現寺。

▲松茂良へ武術を指導した漂着民が棲んでいたといわれる洞窟（フルヘーリン）。

フルヘーリンへ

聖現寺の 50 メートルほど先の駐車場とお墓の間の通路を入ります。少し行ったら右折、すぐに左折して斜面を下るとフルヘーリンがあります。

●聖現寺　●フルヘーリン

　かつて聖現寺は、泊港に上陸した中国人など外国人が、琉球滞在中の活動の拠点とした場所です。聖現寺近くには、松茂良先生に指導した漂着民が棲んでいたとされるフルヘーリン（洞窟）などがあります。案内がないとたどりつくのは難しいですが、手掛かりとなる写真を掲載しておきます（囲み参照）。

●ペルリ提督上陸之地碑（泊外国人墓地）

　泊外国人墓地には、浦賀への来航前に沖縄に寄港したペリー提督上陸に係る「ペルリ提督上陸之地」の碑があります。松村宗棍や松茂良興作らの活躍した幕末の切迫した時代背景と空手の関係を考えると、こちらも訪れてみたいスポットです。

●武士松茂良のレリーフ（泊散策道）

　戦前は国宝に指定されていた崇元寺石門の裏手か

▲浦賀来航前に立ち寄った米国・ペリー提督の寄港を記念する碑。

▲（左）松村宗棍や松茂良興作にも師事した本部流開祖・本部朝基。（右）松林流開祖・長嶺将真。

松茂良興作と墓庭稽古、フルヘーリン

　泊手中興の祖とされ、刀を振りかざす薩摩の侍に、手拭い一つで立ち向かった逸話が有名な「武士松茂良」こと松茂良興作は、宇久嘉隆師に学んだ後、照屋規蔵師に学びました。

　当時空手の稽古は人目をはばかり、墓地などで稽古をしたようですが、師に認められた松茂良は、聖現寺の隣にある照屋家のお墓で指導を受けたといいます。

　沖縄のお墓には墓庭（ハカナー）というスペースがあり、庭囲いと言われる石の囲いがありました。松茂良は、こうした庭囲いに飛び乗る稽古をすることで、足腰を鍛えたといいます。

　松茂良が稽古したとされるお墓は、現在も当時のままに残っていますが、4尺（1・2メートル以上）はある庭囲いに跳び乗ったとは、松茂良の身体能力の高さと鍛錬の凄さを思わされます。

　そこから、斜面を百数十メートルほど下ったところに、フルヘーリンがあります。聖現寺の周辺には、かつて中国、朝鮮等の漂着者を収容する客舎が設けられていまし

た。松茂良は何らかの事情でフルヘーリンに棲んでいた中国からの漂着民に指導を受けたと言われますが、この漂着民が中国人なのか、あるいは沖縄の人であるかの真相は定かではありません。

　ただ、いずれにしても、聖現寺、稽古したお墓、漂着民が棲んでいたとされるフルヘーリンなど、松茂良の時代の泊手を肌で感ずることのできる、松林流、少林寺流、少林流など泊手に由来する空手を学ぶ者は、一度は訪れてみたい、隠れた空手の名所でしょう。

▲左／松茂良興作のレリーフ（沖縄空手案内センターＨＰより）。右／松茂良の稽古場だったとされる墓所。

ら、泊小学校に向かって伸びる一方通行の泊散策道には、武士松茂良のレリーフがあります。松茂良のレリーフ以外にも、沖縄の歴史・文化に関わるさまざまなオブジェなどが見られる楽しい通りですので、のんびり散策してみるといいでしょう。

〈那覇手系〉久米村の武と那覇手

●東恩納寛量・宮城長順顕彰碑、久米村発祥地碑（松山公園）

　松山公園には、中国福建省から拳法を持ち帰った東恩納寛量（ひがおんな・かんりょう）先生と剛柔流の開祖宮城長順先生の顕彰碑があります。福州園向かいの松山通り沿い公園外周部には、1392年に中国福建省から来琉したとされる久米（くめ）三十六姓に関わる久米村発祥地碑があります。久米村で伝承された手は、東恩納寛量先生以前の古流の那覇手とも言えるでしょう。

　また、公園に隣接して、宮城長順先生が戦前に空手を指導された那覇商業高校があります。

●福州園

　那覇市と中国福建省福州市の友好都市締結10周年と、那覇市市制70周年を記念した中国式庭園です。久米三十六姓の故郷、東恩納寛量先生が修業した福州に思いを馳せることができます。

▶「先賢 東恩納寛量 拳聖 宮城長順顕彰碑」。近代における「那覇手」を確立した師弟の顕彰碑。

▲中国福建省から来琉したとされる久米三十六姓、そして、いわゆる古流那覇手に関わる久米村発祥地碑。

◀沖縄空手とは切っても切れない関係をもつ中国福建省。その福州市との友好都市締結10周年、那覇市市制70周年を記念した「福州園」。

◀東恩納寛量、宮城長順に学び、剛柔流空手道普及に尽力した比嘉世幸と、その子息、比嘉世吉の顕彰碑。

●比嘉世幸・比嘉世吉顕彰碑　（識名園外周の墓地）

　県道222号真地久茂地線の「識名園前」交差点を、識名園の外周道路沿いに公園裏手に向かって進むと、すぐに両側に墓地が広がっています。急な坂より手前の右サイドの一番道路側に、「剛柔流空手道　拳聖　比嘉世幸先生　比嘉世吉先生　顕彰碑」があります。

【那覇手系の逸話】　古流那覇手の故郷、久米村

　松山公園外周部にある久米村発祥地碑から通りを挟んだ福州園、その先一帯が琉球王国時代の久米村（クニンダ）です。東恩納寛量先生が福州渡航以前に古流の那覇手を学んだとされる「マヤーアラカチ」こと新垣世璋先生も、幼少の頃から久米村で勉強していたため久米村に友人が多かったそうです。

　1867年、冊封使一行の歓迎祝いの席上でも、久米村の武人たちが演武をした記録が残されています。東恩納先生が福建省から拳法を持ち帰る前の、「古流那覇」の中心地です。久米村の蔡氏湖城家に武術が伝えられていたことも有名です。

　そんなことに思いを馳せながら散策してみると、沖縄県指定無形文化財保持者であった八木明徳先生の明武舘道場や、武術の極意が記されたいわゆる『武備志』が保管されていたともされる天妃宮の跡なども見ることができます。併せて孔子廟などを見学してみてもいいでしょう。

　久米村周辺は、那覇手を学ぶ者なら一度はゆっくりと散策してみたいお薦めスポットです。

▲本土の剛柔流普及にも尽力した「渡口政吉顕彰碑」。

▶墓園の案内図。渡口政吉のお墓と顕彰碑はCの5番。

●渡口政吉顕彰碑（識名園近接の墓地）

県道222号真地久茂地線「識名園前」交差点を比嘉世幸先生のお墓と反対の方向へ約300メートル進み左折、更に約200メートル進んで管理棟の約50メートル手前を左折。坂道を下ると、左に巨大な配水タンク、右に墓地のA地区が広がります。

道路右側に案内図がありますが、Cの5番が久場良男師の師匠であり、菅総理も学んだ渡口政吉師のお墓で、顕彰碑が建立されています。

●宮城長順先生のお墓（浦添城跡霊園）

宮城長順先生のお墓は、浦添城跡隣接の浦添城跡霊園内にあります。県外の人にはわかりずらいかもしれませんが、先の大戦における激戦地であったことに関わる「前田高地平和之碑」を尋ねていくとたどりつけるでしょう。霊園入口からひたすら坂道を上り、道が分岐する場合はいずれも右方向に上がっていくと、広い空き地にたどりつきます。

その空き地の一角に、前田高地平和之碑があり、そこから市街を一望する斜面に霊園が広がります。一番奥の浦添城跡側にある霊園への下り通路に入ってすぐ、右手最

▲剛柔流開祖、宮城長順のお墓。

◀（写真左より順に）剛柔流開祖・宮城長順。宮城長順や東恩納寛量らの弟子・比嘉世幸。宮城長順、および比嘉世幸に教えを受けた渡口政吉。松茂良興作らに学び、新垣安吉、長嶺将真、島袋善良らを弟子にもつ喜屋武朝徳（※42頁顕彰碑写真参照）。

上段ブロックの３番目ほどに、宮城長順先生のお墓があります。

　私は使ったことがありませんが、前田高知平和之碑には、浦添城跡の駐車場を利用し、浦添城跡の展望台東側から徒歩で行けるようです。

　顕彰碑等は建立されておらず、あくまで一般のお墓になりますので、参拝される際は、ご配慮願います。

コース	地図番号	名所	施設名・解説 等	関連WEBサイト・場所 等
【首里手系】	❶	船越義珍顕彰碑	沖宮	沖宮公式HP
	❷	松村宗棍、糸洲安恒、花城長茂顕彰碑	真嘉比の共同墓地	那覇市真嘉比三丁目10
	❸	知花朝信顕彰碑	首里山川町自治会館	那覇市首里山川町一丁目27
	❹	首里手発祥の地碑	首里崎山公園	那覇市首里崎山町一丁目
	❺	沖縄県師範学校跡碑	沖縄県立芸術大学	那覇市観光資源データベース
	❻	識名園	松村宗棍先生が勤めた	那覇市公式HP
【泊手系】	❶	ペルリ提督上陸之地碑	泊外国人墓地	那覇市観光資源データベース
	❷	松茂良興作顕彰碑	新屋敷公園	那覇市泊三丁目12
	❸	聖現寺	泊港上陸外国人の活動拠点	那覇市観光資源データベース
	❹	フルヘーリン	松茂良興作に指導の漂着民が棲んだ？	聖現寺隣接の墓地近く
	❺	武士松茂良のレリーフ	泊散策道	崇現寺石門の裏手、泊こども園につながる一方通行の道路沿い
【那覇手系】	❶	東恩納寛量・宮城長順顕彰碑、久米村発祥地碑	松山公園	那覇市公式HP
	❷	福州園	中国福建省福州市との友好を記念した庭園	沖縄観光情報WEBサイト沖縄物語
	❸	久米村	古流那覇手の中心地	一般社団法人 久米崇聖会HP
	❹	比嘉世幸・比嘉世吉顕彰碑	識名園外周の墓地	沖縄空手案内センターHP
	❺	渡口政吉顕彰碑	識名園近接の墓地	
	浦添市	宮城長順先生のお墓	浦添城跡	「前田高地平和之碑」隣接の浦添城跡霊園の最上段
	豊城市	沖縄空手会館	展示室はゆっくり時間をかけて	沖縄空手会館公式HP
	☆	守礼堂	空手衣・空手用品専門店	守礼堂公式HP
	―	DOJO BAR	現在閉店。コロナ収束後に移転して再開予定	

※**各コースとも、回りやすい順番で並べてあります。**

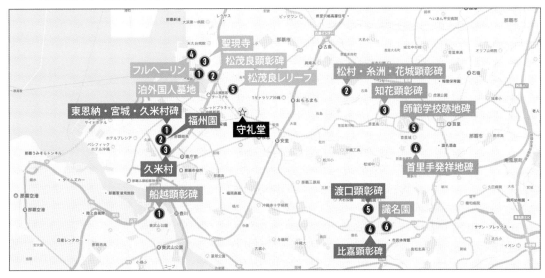

那覇市以外の空手スポット

那覇市以外でも、南部では南城市の少林寺流空手道協会本部求道館の敷地内に少林寺流命名の碑、中部では嘉手納町の嘉手納中央公民館に喜屋武朝徳先生顕彰碑、北部では本部町の八重岳桜の森公園に上地完文先生の銅像などがあり、その他にも多くの空手関係の名所があります。

観光に合わせて１カ所でも立ち寄ることができたら、空手愛好家にとって、一層充実した沖縄の旅となることでしょう。

▲沖縄中部、嘉手納町にある喜屋武朝徳の顕彰碑。

■

【沖縄トピックス】 ご飯にバター

皆さんは「バター乗せご飯」を食べたことがありますか？

かつて稲作に適さない沖縄では、新米が入手しにくいため、バターを乗せて味を変えて食べたとも聞いたことがありますが、これがなかなかイケるのです。

少し前までは大衆食堂なら当たり前にバターがついてきたようですが、筆者がよくお邪魔する大衆食堂でも、最近は特に言わない限りついて来ないようになってしまいました。

大衆食堂でバターがついて来なかったなら、勇気を出して「バターつけてください！」と言ってみましょう。私は豆腐チャンプルーとバター乗せご飯が大好物です。

第II部

武道ツーリズム

［海外視点編］

"薩摩の秘剣" 示現流

世界へ伝え遺すべき「侍文化」発信法！

「『武道ツーリズム』の面白いところは、国籍や身分を超えて、
誰もが人対人として向き合い、稽古できるところですね！」
そう語るアレキサンダー・ブラッドショー氏。イギリス出身の示現流門人、
インバウンドのプロとして鹿児島の地にて活躍するブラッドショー氏に、
伝統を維持しつつも、いかに「侍文化」を世界に伝えていくべきか、話をうかがった。

写真提供◎合同会社 GOTOKU　取材・文◎杉山元康
（※注：本記事は秘伝 2023 年 3 月号へ掲載したものです。情報は原則、掲載当時のママとしています）

◉アレキサンダー・ブラッドショー
Alexander Bradshaw

奇縁に導かれた薩摩の地

──イギリスから日本に移住して、薩摩で国外（県外）不出の示現流を学び、鹿児島県の観光振興に従事されているというのは、大変貴重な経歴だと感じます。

ブラッドショー　最初はイギリスで夢想直伝英信流の居合をやっていました。夜中に TV でやっていた若山富三郎さんの映画『子連れ狼』を観て「カッコイイ！」と思って、偶然にも住んでいた町に英信流の道場があって入門したのです。その後、剣道や合気道もやったのですが、ちゃんと日本人の先生から学ぼうと思ったら、セミナーはパリやバンクーバーでしかやっていませんでした。それで「何度もフランスやカナダに行くぐらいなら、日本に行こう」と思って、ALT（Assistant Language Teacher ＝ 外国語指導助手）のプログラムで鹿児島に渡りました。

流祖・東郷重位により創始された示現流兵法。
▲東郷重賢第十三代宗家。◀示現流史料館では東郷家古文書なども一般公開されている。

──なぜ鹿児島だったのでしょう？

ブラッドショー　まず、佐賀に知人が学ぶ英信流の先生がいたので、九州に行けるプログラムを探したんです。でも佐賀行きは無くて鹿児島になってしまい、そこから約20年経ちました（笑）。

　九州の外国人武道家の中に、柳川藩の景流（かげりゅう）長剣抜刀術をやっている友人がいて、彼から「鹿児島なら示現流だ！」と言われて、道場を探して行ったのですが、最初に「入門希望」と伝えたら、奥の部屋に連れて行かれて、十二代宗家重徳先生と高弟たちから事情聴取みたいな感じでした（笑）。いきなりカタコトの日本語しか話せない外国人が来たら、まあそうなりますよね。

　その時、どれぐらい学ぶつもりかと聞かれて「２～３年ぐらい」と答えたら、先生は「一生やっても届かない、と理解できるなら入門を許可します」と仰いました。

400年続く “薩摩の秘剣” 示現流兵法

▲示現流の稽古風景。通常平服で行われている。

"世界遺産"の桜島と島津家別邸
仙巌園

▲ 800年の歴史を持つ薩摩・島津家。その別邸「仙巌園」と隣接する「尚古集成館」は 2015 年、ユネスコ世界文化遺産にも登録された。ブラッドショー氏は仙巌園の世界プロモーションに携わり、2019 年、クールジャパン賞を受賞、また「ワールド・トラベル・マーケット（WTM）ロンドン」の国際旅行＆観光賞を受賞した。

——それが現在にまで続いているわけですね。

ブラッドショー　私より前にも入門した外国人もいたそうですが、だいたい 1 ～ 2 年で辞めていったようです。外国から来てずっと鹿児島にいるのは私だけです。

　やっていくうちに示現流の深さが分かるようになり、いつの間にか 20 年近く経ちましたね。勉強して古文書も読めるようになってくると、「一生かかっても足りない」という言葉の意味が理解できるようになってきました。

鹿児島の持つ風土・歴史の魅力

—— ALT の後、鹿児島県で観光事業・林業・建設などを行う島津興業に就職されたのでしょうか？

ブラッドショー　ALT は 5 年契約だったので、その後は英会話教室や大学講師などをやっていて、「TEDxKagoshima」※注 開催のオーガナイザーもやりました。ボランティア 60 人、参加者 250 人を集められましたが、これも島津興業に後援してもらったのです。そのご縁などから入社した島津興業では、8 年間勤務して広報マネージャーや海外営業部長などを務めて、退社後の今も島津興業の仕事は続けています。観光コンサルティングを専門とする合同会社 GOTOKU は 3 年前に立ち上げて、昨年 10 月に島津興業を退職してから、こちらがメインになりました。

——鹿児島の魅力は、何だと思いますか？

ブラッドショー　人口 50 万人というのは日本の都市としてはあまり大きくありませんが、イギリスの事情と比べれば大きな町と言えます。中心部に都市機能が集中していて便利ですし、近くには霧島の自然や温泉などが多数あります。種子島、奄美大島や屋久島などの島嶼部にも行きやすいですね。

　ただ私も、示現流がなかったら東京に出ていたと思います。鹿児島に残った理由のうち一番大き

※注：世界的プレゼンテーション講演会「TED」。その正式地域コミュニティイベントとして、2015 年に開催された「TEDx Kagoshima」をブラッドショー氏はオーガナイズ。鹿児島を愛するスピーカー達とともに"スイッチ"のためのアイデアを披露した。

いのは示現流です。示現流は技はもちろん、薩摩拵など刀装具やそれに纏わる逸話なども沢山あり、ここまで地域の歴史が染み付いている流派は他にないと思いますし、「まだまだ学びきれていないので、離れる時ではない」と感じています。

「侍文化」体験ツアー

—— GOTOKU は文化庁の「文化観光コンテンツ充実事業」に採択されていますね。

ブラッドショー　私たちが手がける「Samurai of Culture」体験ツアーでは、薩摩武士の文化も多数盛り込んでいます。例えば薩摩琵琶や天吹（縦笛）は、聴かせる音楽ではなく、郷中教育の一貫でした。薩摩琵琶の面白いところは、武士の心身を調えるための教育ツールであるところです。武士の嗜みとして音楽があるという地域は他にはなかなかありません。そういった400年の地域文化を紹介したいんです。

　「Samurai of Culture」体験ツアーのサイトには「Understand」「Care」「Value」「Enjoy」の4

「古武術／侍文化」を総合的に紹介
「Samurai of Culture」体験ツアー

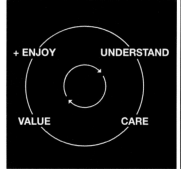

▲古武術を含む貴重な伝統・地域文化を保存振興していくためには、まず「理解（=UNDERSTAND）」させることが大切であると、アレックス氏は語る。、理解すれば「興味・関心（=CARE）」が生まれる。関心があれば「価値観（=VALUE）」がわかり、価値がわかれば「楽しむ（=ENJOY）」ことができる。楽しめばさらに深く理解したいという気持ちになっていく。上図のサイクルを螺旋的に深めていくようなプログラムが、武道ツーリズムにも求められている。

▲「Samurai of Culture」体験ツアーでは、"侍の魂"と密接した"侍文化"＝神道・仏教（阿字観）／茶の湯（薩摩焼）／薩摩琵琶／庭園（仙巌園）／刀剣（薩摩拵）、そして"武術"（示現流兵法［※薬丸自顕流、薩摩日置流も今後声掛け予定］）を、総合的な「武家文化」として体験できるように、様々なプログラムを用意して紹介している。

要素が螺旋を描いて深くなっていく様子を図示しています。まず Understand ＝理解がなければ、伝統文化は特に外国人には伝わりません。遊び的な要素も悪くありませんが、例えば「これが示現流・自顕流だ」と言って立木・横木を置いておいて観光客が打てるようにして表面的に体験させるだけでは、勿体ないですよね。

「武を見せる」ことの不易と流行

▲示現流の立木の稽古を行う際に、"一撃必殺"の気合いを込めて発せられる「猿叫」の雄叫び。

——体験プログラムの内容は、どのように作っていくべきでしょうか。

ブラッドショー　これは議論になるところで、伝統的なものの体験では、初心者・入門者向けそのままではいけないと思います。何を変えるのか、変えてはいけないのか。最初にきっちり決める必要があります。

　示現流は、1950年代までは東郷家の女性でも稽古を見ることができなかったぐらい門外不出の流派です。十一代宗家重政先生の指示で史料館を作って、色々なものを外部に見せるようになりましたが、それでも門人の稽古は、観光客には見学も参加もさせません。やはり、起請文を書いて血判を押して入門するものですからね。

　そもそも示現流は平服で稽古するので、Tシャツやジャージ姿では観光客にとっては物足りないでしょうし、かと言って紋付袴は演武になるので、観光客に見せる時は作務衣にしています。

　門人の稽古とは別に、観光客用の体験稽古時間帯、適切な参加費を設定するなど、きちんと分ける。型稽古は体験できませんが、立木打ちはできます。入門者は立木打ちまで半年かかるのですが、観光客向けとしてはOKにするというのが、示現流で選んだバランスです。

——古流の中には"見世物"にすることに抵抗がある方も多いようです。

ブラッドショー　示現流は若い人が多いこともあり、鹿児島の人の中では柔軟な面があります。それと、自分が示現流に約20年、島津興業に8年在籍していたからできたことで、外部の人が言っても無理だったと思います。

　お客さんに見せるからと言って伝統的な要素を変えると、本質的な良さが無くなってしまいます。観光客も"観光客向け"を見たいわけではなく、"本物"を見たいのです。

　体験ツアーに宣伝は必須ですが、古流そのものを宣伝するわけではありません。「示現流を学びませんか？」ではなく、示現流を通して、人生に得られるものを提示するのが大切です。

　例えば「猿叫」です。生命の危機に出会うと、普通の人は頭が真っ白になってしまいます。猿叫とは実は、自分を取り戻す瞑想と同じなんです。猿叫でそれに対処する回路を作ると、日常生活にも繋がってきます。「旅で人生を変えよう」と考える人は、多くはないかもしれません。ただ、旅から帰って、振り返った時に得るものがあるといい。ただ単に「見て楽しかった」で終わらせない

▲観光客向けに作務衣を身につけて行われる示現流の演武を、体験者たちが見学。

ものが、古武術の中にはあると思います。

相手は専門家に非ず、歴史よりまずは体験

——「観光にはストーリー・テリングが大事だ」という話をよく聞きますが？
ブラッドショー　ストーリーも大事ですが、それだけではいけません。「プロダクトアウト」「マーケットイン」という 2 つの考え方がありますが、伝統文化を紹介する場合、プロダクトアウトしかありません。マーケットインだと、自分たちの文化を変えることになってしまうからです。

「Samurai of Culture」のサイトでは、実は詳細な内容は紹介していません。日本の方には「もう少し具体的に書いたほうが」と言われますが、最初はこれぐらいで後から深まっていくようにしないと、外国から来る人には伝わりません。

例えば示現流の祖・東郷重位は、宮本武蔵ほど有名ではないので、最初に彼の来歴を長々と書いても、頭に入ってきません。だから武術の場合まずあるべきは「体験」、それから「歴史解説」。だから、ストーリー・テリングは難しいんです。ですが、示現流の当事者が説明しようとすると、東郷重位よりさらに昔の歴史から解説してしまいます。どうしても、"観光客は必ずしも文化人ではない" ことを忘れがちなんですよね。

「古武道は、唯一、四百年前の人の動きと気持ちがわかるものだと思います」（ブラッドショー）

▲示現流の蜻蛉の構えを指導する、公益財団法人示現流東郷財団理事・事務局長の有村博康師範（左）と、同じく財団理事の白坂耕一師範（右）。ともに40年以上にわたり示現流兵法を修める、熟達の剣士である。

──武道ツーリズムは色々な人が関わるので、武道を知らない観光業者だと上手くいかない場合も多いと思うので、ブラッドショーさんのような存在が重要だと感じます。

ブラッドショー　まずは、観光というものを理解した上で、事業者と伝統文化側、さらに体験者とのマッチングが必要。武道の専門用語の分かるガイドや通訳もまだまだ足りません。人材育成が今後の課題ですね。

歴史ある体験智を未来に繋ぐため

──海外で人気の時代劇も多いようですが、大河ドラマ『西郷どん』を観て鹿児島に来る外国観光客はいますか。

ブラッドショー　『西郷どん』よりも『篤姫』の方が影響はありましたが、大河ドラマを観るのは主に東アジアの親日国で、日本まで行きたいという人はそんなに多くありません。一般に海外で受けるのは、黒澤時代劇のようにストーリーが分かりやすいものです。日本人は自分たちに繋がる歴史の前提知識があるので、大河ドラマのように人数が多く詳細なものを好みますが、外国ではイメージが大事ですね。

●話し手
アレキサンダー・ブラッドショー
Alexander Bradshaw

英国シェフィールド出身。リーズ大学卒業後、大手 IT 企業 ORANGE でシステムエンジニアとして勤務。2005 年来日。株式会社島津興業の海外営業部長を務め、独立。現在、合同会社 GOTOKU 代表、鹿児島県海外広報官、鹿児島市景観アドバイザー、観光庁 多言語開発整備推進委員や採択事業者むけ有識者を務める。世界の富裕層旅行者を扱うエージェントとホテルを繋ぐイベントでの豊富な営業代行実績を誇り、インバウンド富裕層市場に特化したコンサルティングを得意としている。2020 年からは観光庁、文化庁、国土交通省と連携し、インバウンド事業に携わりながら人材育成にも注力し、本質的な日本の魅力を発信するべくまい進中。来日以来続けている薩摩藩の古武術、「示現流兵法」の門下生でもある。

　GOTOKU の取り組みはマスマーケットではなくニッチ向け、経営者・管理職クラスが多いんです。ですから私たちは、侍のチョンマゲと刀だけでなく、「彼らはどういう存在で、どんな生活を行い、何のためにそこまで努力したのか？」などを具体的に提示します。"侍の精神" をきちんと伝えていきたいですね。

　「古武道」は、「古」と言っても博物館の中に保管されているものではなく、今も継続しているものです。すべての道場が「武道ツーリズム」に取り組む必要はないと思います。ですが、そこに観光客を入れるとしたら、"流派を残していくために、侍文化の理解者とサポーターになってもらう" という目的がしっかりしていないといけません。

　これだけ古い武術が残っている国は、世界でも珍しいですよね。イギリスなどの中世の武術はほぼ復元ですし、アフリカなど各地に民族武術が残っていますが、やはり世界的に見ても大きなイメージを持っているのは侍です。

　日本の伝統文化全般に言えることですが、「苦しさ」を乗り越えないと、良いものは得られません。寒い道場で時間を決めずに一人稽古を行うのは辛いです。ただ、稽古で相手に打たれた時の痛みは、400 年前の人と同じ場所が、同じように痛むということなのです。この価値と継続性は、大事にしていきたいですね。　　　　　　　■

【参考HP】

◎「Samurai of Culture」体験ツアー　https://www.samuraiofculture.com
◎合同会社 GOTOKU　https://gotoku.consulting/
◎示現流兵法　https://www.jigen-ryu.com/index.html
「示現流史料館」　〒 892-0842　鹿児島県鹿児島市東千石町 2-2　TEL 099-226-1233　info@jigen-ryu.com

※本体験ツアーについての問い合わせは「示現流史料館」では受け付けていません。
直接「Samurai of Culture」のHPからお問い合わせ、ならびにご予約をお願いします。
示現流入門を検討している方は、直接史料館へお問い合わせいただいても大丈夫です。

弓と禅 You Me and Zen

「ボーダーレス」な弓道への入口!

弓道サークル「弓と禅 You Me and Zen」は、「弓道を身近に、もっとアクセスしやすいものに。そして、より多くの人に弓の世界に触れてほしい」そんな思いのもとに活動を行っている。

東京や埼玉などでの稽古会では、国籍、性別、年齢、経験の有無に関わりなく参加者が集い、また弓道を通じて海外との交流もはかっている。

様々な形で"弓道"を発信する「弓と禅」の創立メンバー3人にお話を伺った。

取材・文◎杉山元康（※注：本記事は秘伝2021年1月号へ掲載したものです。情報は原則、掲載当時のママとしています）

深い求道の、敷居を低く

　東京都北区、隅田川の傍ら、赤羽体育館。開館から 3 年目という白く明るい弓道場に、弓弦の音が響く。

　ここで弓道初心者やブランクのある人などに広く門戸を開いているサークルが、「弓と禅 You Me and Zen」だ。オイゲン・ヘリゲルの名著『弓と禅』に英語を掛け合わせ、深遠さとカジュアルさを同時に含んだ命名だ。

　稽古会は毎週土曜または日曜に 2 時間半。未経験者の着付けや道具の説明、的場の準備などから始まり、各自の練習や体験指導が始まっていく。服装不問のため、時にはジャージ姿の参加者もいるという敷居の低い会だが、射手が的に向かって立つと、空気がピッと引き締まる。

　今回は創立メンバーである木内洋一氏、ジェシカ・ゲリティー氏、西澤ロイ氏の 3 名に集まっていただき、創立の経緯や活動内容、目標などについて語ってもらった。

縁を繋いで弓を広める会

◉ ジェシカ・ゲリティー
Jessica Gerrity

ニュージーランド・オークランド市出身。マルチタレントとして日本で活躍中。現在は TBS「世界くらべてみたら」、テレビ朝日「世界が驚いたニッポン！スゴ〜イデスネ‼ 視察団」に出演中。ライター、埼玉県観光大使、BUDOJAPAN アンバサダー。2017 年 7 月に初心者教室で弓道を体験。その後、駒場体育館弓道場・坂本武彦先生のもと弓道を学んでいる。仕事、3 人の子どもの育児、弓道の稽古、と精力的に活動している。IG/ Twitter @jessintokyo

──創立の経緯を教えて下さい。

ジェシカ　私自身の経験から、木内さんと生まれたアイデアなんです。私は弓道に興味を持ってから初心者教室に出会うまでにも何年もかかりましたし、その後も自分のライフスタイルの中で通える道場に出会うまでの半年間は、弓を引きたくても引けませんでした。そういったことを木内さんに相談した結果、皆が弓を引ける場を作ることになりました。

木内　元々、自分の周りで「やってみたいけれど、ハードルが高い」という方が時々いたので、気軽に参加する場は必要だと思っていたんです。そこで、弓道を再開するロイさんにも声をかけて、2019 年 6 月に 3 人でスタートしました。

西澤　私は高校から大学・社会人とやってきましたが、10 年ほどブランクが空いていました。もともと 2017 年に私のラジオ番組のゲストとしてジェシカに出てもらって、弓道仲間の木内さんを紹介したのが原点なんです。

ジェシカ　最初の参加者はロイさんの個人的な繋がりの人たちだけだったんですが、SNS を始め

● 西澤ロイ
Nishizawa Roy

弓道サークル「弓と禅 You Me and Zen」創立メンバー。英語講師、
英語コンサルタント、英語カウンセラー、ラジオパーソナリティ
と、「イングリッシュ・ドクター」との通称の下、多方面で活躍中。
2019 年より 10 年ぶりに弓道を再開中。

● 木内洋一
Kiuchi Hirokazu

弓道サークル「弓と禅 You Me and Zen」会長。大学から弓道を
始め、社会人になった後も赴任先の弓道グループに所属し、弓道
を続ける。2019 年 6 月には、弓道仲間と「弓と禅」を設立し、
弓道の指導と普及に務めている。弓道五段。

たらすごく人が増えました。潜在ニーズは
あったんだと実感しました。

西澤 弓道は、部活以外で初心者が始める
ルートが少なく、そこも卒業や転勤で離れ
てしまうと再開しにくいんです。そして部
活では的前で射させてもらえるまでに何ヶ
月もかかりますが、ここでは初心者でも弓
を引けるようにして、ハードルを下げてい
ます。

ジェシカ 新型コロナウィルス流行で数ヶ
月間活動を休止しましたが、活動開始から
これまでの間に、のべ 770 人以上、19 ヶ
国の方にご参加いただきました。外国の方
は約 2 割で、アーチェリー経験者が多いの
ですが、だからこそ違いに戸惑ったりもす
るようです。「細かい所作より、中ればいい
んじゃないのか?」と疑問を持ったり、逆
にそういった作法こそ求めている場合もあ
ります。中にはインドから予約して、1 ヶ
月の滞在期間内に毎週通ってきたご夫婦も
いらっしゃるんです。

境界をなくすことで学べるもの

——稽古中に気をつけていることや工夫し
ていることはありますか。

木内 なにより安全管理の徹底です。弓道
を楽しんでいただくことは大切ですが、弓
矢は武器でもあります。自分だけでなく他
の人に大怪我をさせる可能性がありますの
で、経験の浅い方が矢を射るときは、必ず
経験者が見るようにしています。そのため
体験や初心者の受け入れ人数は各回 2〜3
名に制限しています。体験者が引くのは 5
から 10 射程度ですが、腕が疲れてしまっ
て 10 射も引けないこともありますね。

「弓と禅 You Me and Zen」稽古会

▲新型コロナウィルス流行のため、一時活動を休止していたが、それ以外の時期は毎週土曜か日曜のどちらかの日に稽古会を行っている。弓道初心者には、しっかりとした指導の下、弓を引いてもらっている。また、ブランクがあり弓道を再開させたい人や普段は別の会に所属していて個人として稽古したい人なども参加している。国籍、性別、年齢、経験の有無に関係なく、参加することができる。

ジェシカ 私達の活動のキーワードは「ボーダーレス」です。弓を触ったことのない方から弓道歴40年以上の方まで、20年のブランクがある方や、所属道場があるけれども時々は別の道場で稽古したい方、先生としてでなく自分の稽古に集中したい方……年齢は高校生から70代まで、本当に様々な方に参加していただいています。それが一緒に稽古する中で、お互い勉強にもなりますし、弓道で一人ひとりの世界が広がります。例えば見学や初参加の方にカメラを渡して、その方が感じている良さを撮ってもらうのですが、そうすると見たことないアングルが出てきて、その新鮮な目線は私たちにとっても勉強になります。

──通常の稽古会以外の活動としてはどんなことをされていますか。

木内 一つは、参加いただいた方への弓道場の紹介です。本格的に弓道を続けたい場合には、国内でも海外でも、地元の連盟に入って弓道を続けるのが一番いいのですが、特に日本語の読み書きができない場合、その情報を探すのが大変ですからね。今でもネットに情報がない弓道場は、結構あるんです。

弓道を通じた海外との交流

▲◀ 「弓と禅 You Me and Zen」は、海外の弓道団体との交流も行っている。写真は、2020年1月25、26日に、ニュージーランドのオークランドで行われた「ニュージーランド弓道連盟設立10周年記念祝射会＆セミナー」の模様。左写真：日本から参加した指導者より、現地の弓道家たちとともに指導を受けながら弓を引くジェシカ氏（左上写真）、木内氏（左下写真）。

ジェシカ 母国で弓道を教えてくれる人や場所にたどり着いても、弓具、特に弽（ゆがけ）など日本で職人さんが作っているものが手に入らないんです。だから、自分たちが使わなくなったものや、他の方々に譲っていただいたものを、弓具が不足している海外の弓道団体に寄付しています。帰国する人に手渡す場合もありますし、最近ではニュージーランド弓道連盟会長のクリス・コールマン氏が来日された際に贈呈しました。

木内 まだ実験的段階ですが、オンライン稽古会も始めました。主に、帰国後も弓道を続けている外国の方とZOOM中継で一緒に稽古したり、「歩き方を教えて欲しい」といった要望にも答えたりもします。基本的には台湾やインドネシア、マレーシアなど、時差に無理のない地域ですね。

ジェシカ 弓道の魅力を発信するための活動としては、今日のように国内や海外のメディア出演もあります（※注：取材当日、ジェシカ氏は日本のテレビ番組の密着取材を受けていた）。ニュージーランドの企業ＣＭやニュースメディア、季刊誌「弓道日本」といった雑誌、YouTuberさんの企画への参加などまで幅広く行っています。

▲ニュージーランド弓道連盟のクリス・コールマン会長（写真中央）とジェシカ氏、木内氏。

さまざまな視線を交差させ、新たな角度で世界を描く

——例えば弓道では「放つ」でなく「離れ」と呼ぶなど、日本人にとっても微妙なニュアンスの言葉に深い意味があると思いますが、どう訳すのでしょう？

ジェシカ　単語自体は外国の道場でも日本語をそのまま使っていますから、そこにチームワークで説明を加えていきます。

西澤　私は英語を教えるのが仕事ですが、やっぱり簡単ではありません。例えば「的に向かってまっすぐ立って、まっすぐ引いて、まっすぐ離れたら、中る」……というのは、日本人に伝えるのすら難しいですから（笑）。

木内　ジェシカを見て勉強している面が大きいですね。ネイティブの彼女が身体感覚を言葉にするのを聞いて、「なるほど、こう訳すのか」と。

——今後の活動の方向性を、どう考えていますか。

木内　まずは「続けること」ですね。より多くの方の弓道の入り口となることを目指して活動を継続していきます。今後はより一層、日本や世界の弓道家の方と繋がりを広げ、繋いで、弓道界が盛り上がる手助けをしていきたいです。

ジェシカ　稽古会を通してもっともっと外国の方に参加してもらいたいですし、母国でも弓道が続けられるよう、道場を調べたり弓具を寄付したりする活動を続けていきたいです。外国人の私が弓道を始めてみたいと思った頃、「場所・日程・

▲❶新年のお祝いに着物にて弓道稽古。❷写真手前の女性の方はフィリピン出身。❸アメリカ・ロサンゼルスから旅行で初めて日本に来たご家族が、「弓と禅 You Me and Zen」にて弓道を初めて体験。❹「弓と禅 You Me and Zen」の創立メンバーの３人。

▲今回取材した稽古会では、記者も弓道を体験。実際に矢と弓に触れ、弓を引くことで初めて感じられることも多い。

値段・回数」といった基本的な情報が全く手に入りませんでした。弓道の"ハードルが高い"というイメージを減らしたい、弓がもっとアクセスしやすい世界になってほしい……と思い、稽古会を開催しています。

形が導く、長い長い道へ

　お話を伺ったあと、記者も木内氏の指導で、和弓を初めて体験した。

　見学経験だけは沢山あったが、百聞は一見に如かず。まずゴム弓で射法八節の所作をなぞり、次は矢を番えずに弓を扱って、それから実射。的からは大きく外れたが、二つ驚いた点があった。一つは、不慣れゆえもあろうが、予想以上に下半身を使うこと。もう一つは「指導された通りに形を守れば、腕力を使う感覚は要らない」ということ

だった。

　正規の修業で的前に立つまでに何ヶ月もかけるのは、正しい射法を会得して道を修めるために必要な行程なのだろう。しかし学生のように短期間・高頻度の稽古ができない社会人がその道を歩き始めるためには、最初の一歩が大きすぎるというのも事実だ。

「弓道は簡単な武道ではありませんが、難しさ、楽しさも含めてその魅力を多くの方に知っていただきたいです。ですが、興味はあっても未経験の方にとってはどう始めたらいいのか分からないのも事実です。そんな場合は、私たちを弓道の入り口として活用していただきたいです。稽古会を通し、少しでも多くの方に和弓の魅力を感じていただけるよう、これからも活動していきます」──と、木内氏は語った。　　　　　　　　　　　　　　　　　　　　　　　　　　　　　■

【取材先HP】
「弓と禅 You Me and Zen」稽古会などの情報は、下記インスタグラムなどで確認できます。
Instagram: @you.me.and.zen

第6章 日本在住外国人武道家 特別座談会

我らが日本へ来た理由！

和の国「武者修行」で深める"侍の心"

本章では、日本に移り住み、武道修業と共に、伝統的な武道を、
そして日本を知るために研究、研鑽を重ねる
外国人武道修業者たちにお集まりいただき、
武道との出会いからその魅力まで、ざっくばらんに語り合っていただいた。
その"青い目"に映った「BUDO JAPAN」の姿とは!?

取材・文◎増井浩一
（※注：本記事は秘伝 2014 年 4 月号へ掲載したものです。
情報は原則、掲載当時のママとしています）

"青い目のサムライ"たちの
本音を直撃！

武道＝日本との出会い

――本日はお集まりいただきまして、ありがとうございます。日本に在住し、日本の武道を鍛練されている外国人武道家の方々に、いろいろと武道に関わる所感などをお話しいただきたいと思っております。よろしくお願いします。

ミヒャエル・ラインハート　ドイツから来たミヒャエル・ラインハートです。ドイツ出身の27歳です。武道歴は今から8年くらい前に香取神道流のドイツ支部に入門したのが最初です。日本に来たのは20歳のときで、それからずっと川崎の杉野道場で香取神道流を学んでいます。

――**最初に香取神道流を知ったきっかけはなんだったんでしょうか。**

ミヒャエル　たぶんインターネットのグーグル検索だったと思います。それまでは興味はあったんですが、日本の古流、古武術にはなにがあり、それぞれどういうものかなんてことも知らなかったんですが、「剣術」というキーワードで検索したんです。そのときに香取神道流の支部を見つけて訪ねて行きました。そこで先生と話をして、これはいいと思ったので入門しました。

ミヒャエル・ラインハート
Michael Reinhardt

ドイツ出身。27歳（※当時）。
武道歴：19歳より天真正伝香取神道流兵法。
現在の職業：ドイツ系企業勤務。

サンドロ・フルツィ
Sandro Furzi

イタリア出身。28歳（※当時）。
武道歴：14歳より剣道、居合道。
22歳より天然理心流剣術。そのほか、柔道など。
現在の職業：外資系メディア企業勤務。

サンドロ・フルツィ　はじめまして。サンドロ・フルツィと申します。国はイタリアで、現在28歳です。日本武道を始めたのは14歳、高校1年生のときです。イタリアであまり知られていないものを学びたくて探していたら、ある剣術と居合の先生と知り合いました。その先生はイタリア人なのですが、30年間日本の四国に住み、剣術や居合、剣道を学んでイタリアに戻ってきた方です。

――**そのときに教わった剣術は、どこの流派だったのでしょうか。**

サンドロ　特に流派は名乗っていません。私が運が良かったのは、その先生から武道だけではなく、日本語や日本の文化も教わることができたことでした。先生は私が18歳になったときに、「もし本当にこういう武道を続けたいのであれば、型や稽古だけではなく、大学で日本語や日本文化を学ばなければいけない。私にはもう教えることがないから」とおっしゃいました。それでローマ大学に入学し、

ランス・ガトリング
Lance Gatling

アメリカ出身。59歳（※当時）。
武道歴：青年時より松濤館空手、中国
武術、ハプキドー、合気道、等、多数。
32歳より講道館柔道、日本伝柔術を
中心に、古流武術も数流を学んでいる。
現在の職業：宇宙航空コンサルタント。

そこで東洋研究学部日本語学科を専攻しました。大学を卒業して学士課程を取った後、大学院に進み、さらに修士課程を獲得するために東京大学の奨学金をもらって日本に来ました。今から6年前のことです。日本に来た年に天然理心流へ入門したんです。

軍人生活の中で出会った様々な"武道"

ランス・ガトリング　ランス・ガトリングです。私はまだグーグルがない時代に（笑）、アメリカのテネシー州で生まれて、アーカンソー州の小さい農村で育ちました。家は農家だったんですが、家を継ぐつもりはなかったので、ニューヨーク州ハイランド市にあるウエストポイント（陸軍士官学校）に入学したんです。

――軍人の道を選ばれたんですね。武術との出会いは、ウエストポイントですか。

ランス　そうです。そこではクラブスポーツとしていろいろな武道を学べるのですが、私は松濤館空手を勉強しました。他にはほんの少しだけ柔道をやりました。

――年齢をお伺いしてもよろしいですか？

ランス　59歳です。若く見える？　武道と奥さんのおかげです（笑）。

――奥様は日本の方なんですね。

ランス　そうです。ウエストポイントを卒業してからは韓国へ行きました。そこでは中国拳法やハプキドーを習い、アメリカに帰ってからはちょっと合気会合気道を勉強しました。合気道はすごく綺麗だったんですが、軍人としての観点から考えると、少々現実的ではないと思いました。

　日本には約30年前、32歳のときに来て、米・陸軍北東アジア地域軍事担当官と防衛庁（現・防衛省）の連絡担当官を務めました。その後アメリカ大使館に転属し、大使館の中にある柔道クラブ品川柔道会のメンバーとなり、柔道と佐藤静弥先生の日本伝柔術を習いました。現在では、講道館柔道三段、日本伝柔術の国際武道連盟（国際武道院）錬士四段です。

　私は以前から格闘技とかハンド・トゥ・ハンドコンバットに興味がありまして、柔道にはあまり興味がなかったんですが、柔道の理合を覚えていくとどんどん面白くなっていきました。残念なことに現在の一般的な柔道はスポーツ柔道となってしまっています。でも私が教わった柔道・柔術はまったく違いました。それから古武道にも興味を持つようになりまして、竹内流備中伝や香取神道流、杖道などを勉強させていただいたのです。これは全部、本当の柔道と緊密な関係がある武道ですね。それとミヒャエルさんと一緒に習っている、竹生島流棒術があります。その東京支部で稽古しています。ここのホームページは、ミヒャエルさんがドイツ語に翻訳しているんでしょ？

ミヒャエル　そうです、日本語のホームページをドイツ語に翻訳しています。去年の 11 月くらいからですね。竹生島流棒術はそれほど大きな流派ではなく、海外ではあまり知られていないのですが、技も綺麗だし、とても魅力的です。

▲本国ドイツで学び始めた香取神道流を、来日と共に入門した同流杉野道場で研鑽し続けるミヒャエル氏。現在はインターネットなどを通じて広く古流武術の研鑽、研究を深め、交流を広げている。その一貫として、全国に遺る古い道場巡りなども敢行中。

きっかけはサムライ映画 !?

──ミヒャエルさんとサンドロさんにお聞きしたいのですが、おふたりは、剣術から入られていますよね。やはり外国の方は "侍" というものに憧れがあるのかと考えてしまうのですが、いかがでしょうか。極端にいえば武道・武術よりも侍に対する思いが先行したのかな、と考えるところもあります。

ミヒャエル　実は『ラストサムライ』（2003 年ワーナー・ブラザーズ配給）という映画を観たんです。すごく興味を持ちました（笑）。
──きっかけが映画『ラストサムライ』だったんですね。
ミヒャエル　そうです。もちろんそれでサムライの本質がわかったわけではないけれど、その後にインターネットでいろいろと調べて理解できるようになりました。

サンドロ　私が子供〜青年の頃に憧れていたのは、サムライの持つ存在感だったんですよ。ですから、ほんの少しでもサムライの文化を勉強して、実際にサ

From Germany
Michael Reinhardt

▲日本に来て、本来の講道館柔道の技術が持つ理合に魅了されたというランス氏。現在は、より深く日本武道の研究を進めていると共に、講道館創始者、嘉納治五郎の思想や業績も研究している。

ムライのように剣術をやれば、サムライになれるのではないかと思いました。でもやっぱりいくら歳を重ね、稽古を積んでも、サムライになれるわけではない。あくまでもサムライの文化とか、サムライの心、精神を理解しようとしている人に過ぎません。

　それでも日本の古武術を勉強することで、いずれは日本の"本来の心"を理解できるのではないかと、今も武術をやり続けているのです。

──現代という背景を踏まえた上で護身術を考えた場合、やはり剣術よりも素手のほうが現実的ではないかと思われます。ところが日本の古武術は基本的に剣術を中心として作られており、現代では護身術として成り立ちにくい一面があることは否定できないと思うのですが。

ミヒャエル　私の場合、本当は戦うことが好きではないんです。でも文化的に見たサムライ、そしてサムライのいた江戸時代を特徴づける"日本刀"に強く魅かれたんです。特に江戸時代以降の文化でいちばん強い影響があるのは刀ですよね。私は刀の作り方、美術的な観点からの評価などにも強く興味を持っています。文化的な面での魅力が大きいことも、日本の古流の特徴だと思います。

サンドロ　私も特に誰かに対して"習っていることを使いたい"と思っているわけではないんですよ。ただ、どんなに古いものといえども、うまく使えば今の世の中でも充分に使えると思います。天然理心流には格闘技に近い技術がたくさんあります。天然理心流だけではなく日本の古流派は、リアリティを求める人たちを満足させることができると思っています。

柔道と実戦性、そこにある理合

──例えばガトリング先生は、どちらかというと剣より素手での武術を求めていったわけですよね。

ランス　海外では武道というより"護身術"としての要素が重要視されるんですよ。

──それは、より実戦的だからですね。

ランス　そうです。たとえば柔道は、海外では効力がないと思われています。なぜかというと、柔道の技術に護身術がないと言われるから。だけど、実は柔道はなんでもできる。必要があれば蹴り技だってあります。そして、確かに法整備がなされた現代では、ストリートファイトのときに相手を殴れば犯罪になってしまいます。しかし柔道ならば、打撃技を使わずに相手を

From U.S.A
Lance Gatling

倒すこともできるし、本来、実戦の場でも充分に身を守れるのです。ただし、それには柔道というものがどういう成り立ちを持っているのか、その理合を歴史的な面も含めて勉強するつもりがなければなりません。

サンドロ　私は、古武術の流派を学んでいる人たちみんなに日本史や日本文化、日本語を学べ！と強く言うつもりはありません。でも古武術は、たとえそれが剣術など現在携行できない武器を使うものであっても、現実性のある技を探している人にもお勧めできると思います。実際にヨーロッパにはそういう面をアピールしている先生もいらっしゃいます。古武術の技には通り一遍の意味だけではなく、多様な要素が含まれているからです。

ランス　私は軍人の頃に戦車教育大隊の中隊長で、新人兵士の教育なども行っていました。私が若い頃には、サムライの使う武器に興味がありましたが、時が経つうちに"サムライの社会ではどのような教育がなされていたか？"に興味が向くようになりました。人間の限られた命の中で、あれほど素晴らしい技を開発し、教え伝えていった……それらは現代武道にもの凄く影響を与えているのに、現在ではほとんど知られていないし、興味を持つ日本人も少ない。私はそこにどのような心があり、どのような文化があったのかを勉強していく中で、面白いことを見つけました。

それは今の日本には、数百年に及ぶサムライの精神教育、信念、哲学がなくなっていることです。講道館柔道の祖・嘉納治五郎師範は哲学を大切にした人でした。そのため彼は柔道の確立と共に、柔道を"教育"に用いたのです。

——嘉納師範は、武道を新しい時代の教育に活用するために尽力しましたが、それも嘉納師範の功績のひとつです。嘉納師範の生きた明治期は、近〜現代の日本において武道・武術の在り方が大きく変わった時代です。ガトリング先生は、嘉納師範が作られた新しい武道のあり方を研究していきたいと考えていらっしゃるわけですね。

ランス　そうです。私は武道学会のメンバーでもありますし、嘉納治五郎という人物自身にもとても興味がありますからね。大部分の人が彼の一面しか見ていませんが、彼は政治、教育、文化、スポーツ、武道、それにもちろん柔道など、あらゆる分野に精通した人なのです。

From Italy
Sandro Furzi

武術が歴史とつながる国・日本

——世界にはたくさんの国があり、武術や格闘技も国ごとに違いますよね。そんな中で、皆さんはなぜ日本と日本の古流武術を選んだのでしょうか。

サンドロ　もちろん中国武術にも、タイのムエタイにも凄く興味があります。私の場合は、自分の国でなにを学べばいいか？と考えていたときに、最初に偶然にもイタリアの日本武術の先生と出会い、先生のお話を聞くことができた。これがまさに幸運でした。この偶然が、日本武術を学ぶきっかけとなったんですから。

——具体的に、日本武術のどういう点に惹かれたのでしょうか。

サンドロ　私は他の国と比べて、

日本ほど武術と歴史のつながりが深い国はないと思っています。他の国にももちろん武術がないわけではない。ただこんなに武術が伝統として、歴史と密接につながっている日本は、例外だと思います。

　私がなぜ天然理心流という、江戸時代末期の古流を選んだのかというと、それは大学生のときに読んだ時代小説の影響が大きいのです。それらを読んでみると、人物と同等かそれ以上に武術が取り上げられていることが多い。やっぱり日本の歴史にとって武術は必要不可欠な要素なんだと思います。もちろん逆も然りで、本当に日本の伝統武術を学ぼうとするなら、日本の歴

▲本国イタリアにおいて出会った日本武道を、より深く知るために日本へ来たサンドロ氏。「文化的な面での魅力が大きいことも、日本の古流の特徴だと思います」と語る。

史、あるいは日本人の文化がどのように発展、進化してきたのかを理解しないといけません。私はそういう日本古流の一面が大好きなんです。

ミヒャエル　私も最初は中国文化に興味を持った時代がありましたね。だけど、日本は島国だから外からの影響はそんなに多くなかった。藩があり、藩ごとに戦いはありましたけれど、日本の国の中だけですから、他の国とは事情が違います。そうして昔から伝承されていることがあるという部分も凄く面白いと思いました。ドイツには、昔から伝承されてきた武術というものはないんです。ヨーロッパの国々は、破壊と再生が繰り返されてきたからです。現在、ドイツにも古い剣術が行われていますが、それはすべて文献から復元したもので、日本のように何百年も受け継がれてきたわけではないんです。

外国人から見た宗家問題

——ところで、日本の古流愛好家たちの間で交わされる言葉のひとつに、「宗家病」というものがあります。誰もが宗家になりたがるという、特に古流武術界の悪癖（？）を揶揄した言葉ですが、宗家という単語はさておき、外国人の方々が伝承者として認められるのは、なかなか難しいのが現状だと思います。そういった立場から見て、古流の世界でことさら宗家、流儀のトップに成りたがる人たちをどう思われますか。

ミヒャエル　それは日本の古流の世界の、とても大きな問題だと思います。10年20年、あるいは
それ以上住み続けて、もちろん日本語も達者だという外国人なら問題はないと思うんですが、外国
人が宗家になれる可能性があるかどうかはわからないですね。

──特に外国人の方から見ると、宗家から習うのが最善だと思うものでしょうか。それとも技術が
しっかりしていれば、特に宗家にこだわらないのか。宗家という言葉に惑わされてしまうのかどう
かというところが気になります。
ミヒャエル　でも、実際には「宗家」が実技を教えていない流派も多いですよね。香取神道流もそ
うですし。
サンドロ　ただ、宗家という言葉はいま普通に使われていますが、武道的には間違っていると思い
ます。武道に「宗家」というものは無かったんじゃないでしょうか？

──元々は観世流という能楽の流派から発生した言葉で、武道の世界で使われ出したのは、明治時
代以降だとも言われていますね。特に古流柔術では、何人かの免許皆伝の師範が先代からの代を継
いで、それぞれに伝承をつないでいく形式が多いように感じます。
サンドロ　昔は、師範代はいっぱいいましたし、年若くして免許皆伝となって出された道場もたく
さんありました。そう考えると、みんな宗家と呼べるんじゃないでしょうか。外国人であることに
関しても、ガトリング先生のように日本に長くお住みで、稽古を続けてこられた方が宗家たる実力
をつけた上で、そう呼ばれてもいいとは思いますが、本当にそうなったときに、日本人からどう思
われるのかは心配です。
　たぶんみんな、"宗家になれたらいいな"と思ったことはあると思うんですよ。でもそれより大
切なことは、自分の流派の保存です。私がもし宗家になれたとしても、後々「日本人じゃないから
な」と思われてしまう可能性はゼロではないですから。それを思うと、軽々しく受けるわけにはい
かない、と考えてしまいます。
ミヒャエル　それは非常に難しい問題ですね。流派によって事情も異なることでしょう。海外でも
「○○流の○代目」だとか、宗家だという人は確かにいます。それが日本人の目にはどのように映っ
ているのか……私には分かりかねます。
ランス　外国人のほうが日本人よりも日本の伝統武術に興味を持つ人が多くなった……そんな時代
になってしまったんですよ。ある流派が危機に直面している、次世代問題でね。実際にその問題を
解決できずになくなってしまった流派もあるわけです。でも、それは流派ごとの問題ですから、私
はノーコメントですけれど。

──今は情報の中心はインターネットですが、その中で得られる情報はまさに玉石混交です。情報
過多の時代で、特に海外においては何が正しいか何が間違っているかを見極めるのが難しいと思う
んですが。

ミヒャエル　確かに情報は多いんですが、しっかり日本語を覚えて研究し、インターネットだけではなく、書籍を読み、実際に道場に足を運んだり、先生の意見を聞いたりすることで、正誤を見極めることは可能だと思います。

サンドロ　私が気になったのは、ある系統の武術は「自分たちがやっている武術は正しい、他のところは間違っている」という主張があることです。けれど、自分のやっていることが正しいと思うことが大切なのであって、"他のところが間違っている"と主張する必要はないんです。そういう情報に惑わされないためにも、やはり自分で足を運んで直に話を聞き、人間的な交流を持つことは大切ですね。

素晴らしい日本武道を広めたい！

——お話はつきませんが、残念ながら紙幅がつきてしまいました。最後に、武道家として、これからの夢をお聞かせください。

ミヒャエル　これからももっと修行を続けて、将来的にはドイツに帰って自分の道場を開きたいですね。それに、もっと勉強して、古流についての本を書きたいと思っています。

サンドロ　天然理心流の免許を獲得して、将来的にはイタリアの若い世代に教えることができたら、それはとても幸せなことだと思います。もちろんそれをするためには、もっともっと技だけではなく、歴史や文化の勉強もしなければいけないですね。だからこれからもずっと研究をして、なるべく多くの人と思いを共有したいですね。

ランス　宝くじで3億円ぐらい当選して、仕事を止めて武道だけ稽古するのが私の夢ですが……あまりチャンスがないので、出来るだけ稽古を続けたいと思います（笑）。具体的には、まだ柔道も古武術も続けていきます。それと同時に、日本の武道の歴史をもっと深く勉強して、広く話題にできれば面白いなと思っています。

——**本日はお忙しい中、ありがとうございました。今後の皆さんの活躍に期待しております。**　■

【参考HP】

◎唯心館 杉野道場（天真正伝香取神道流／合気道）　https://suginodojo.localinfo.jp/
◎天然理心流武術保存会　https://www.tennenrishinryu.net/ja/home
◎ The Kano Chronicles® 嘉納歴代　https://kanochronicles.com/author/lgatling77/

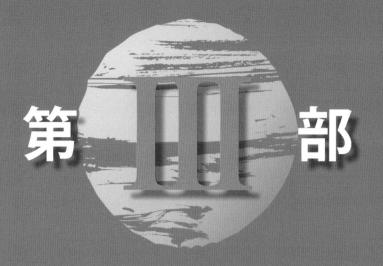

第Ⅲ部

武道ツーリズム

［資料編］

官民一体で推進する

「武道ツーリズム」の現状と展望

福岡雅巳（全国通訳案内士／武道ツーリズムプランナー）

本章では「武道ツーリズム」実現化に向けたこれまでの歩み、
スポーツ庁による研究会の成果や支援事業、
地域や民間と一体化した現状の取り組みや他国の事例などを紹介。
今後の「武道ツーリズム」振興のための展望について、考えていきたい。

●Text by
福岡雅巳
Fukuoka Masami

月刊「秘伝」にて外国や地方での日本武術史探求記事を執筆。愛媛大学空手部で極真会館四国支部長（当時）芦原英幸師の指導を受ける。関口新心流（和歌山県無形文化財）、竹内流備中伝、神道夢想流杖術、二天一流らの古武術と合気道を学んでいる。全国通訳案内士（英語・韓国語）として武道ツーリズムの開発に取り組んでいる。

武道ツーリズムへの注目

「日本の武道」は、海外でもメディアやインターネットを通して知名度があり関心が高い。そして現地の武道道場にも、古くからの哲学に裏打ちされた独特な精神文化と神秘的な技術の存在が浸透している。

日本で「武道」を観たい、体験したいとの要望がある一方で、来日する外国人にとって言語や体験に至る仕組みが未整備であることから、日本旅行の目的に組み込むのが難しいのが現状だ。「なぜ日本に来るのか。日本でなくてはならない

▲日本空手松濤連盟（JKS）が開催した国際講習会。参加した外国人空手修行者たちに指導する香川政夫首席師範（左端）。

のか」という目的の形成は、インバウンドを継続発展させるため重要な案件である。

こうした問題を解決することにより、武道をキラーコンテンツとしてブラッシュアップすることが、観光戦略上、重要なのは明白だ。同時に、観光資源に恵まれ、武道文化もよく保存され、人材もいる地方での「武道ツーリズム」の観光プログラム化は、地方の活性化にも役立つ可能性が見込まれる。

旅行商品も、定番の観光地訪問から、まだ知られていない「日本」での特別な体験に、関心が移りつつある。日本の武道を質の高い文化観光資源としてとらえて、武道のプレゼンスを世界的に高める絶好の機会である。

武道ツーリズム研究会と成果

　スポーツ庁は「武道ツーリズム研究会」（2019年9月、2019年11月、2020年2月の全3回）を開催、武道ツーリズムの実践団体、観光分野から日本文化研究に至るまでの各方面の識者を集め、武道指導者や通訳案内士などの人材・組織的運用・広報・ツーリズム商品の作成と販売などについて、詳細かつ具体的な見地から議論と検討を行った。その結果、解決すべき課題が洗い出された。その内容については「武道ツーリズム推進方針〜日本の武道が世界を繋ぐ〜2020年3月31日　武道ツーリズム研究会」として公表されている。

　同時に目指すべきビジョンを次のように定めた。

「武道が日本発祥であることの国際的認知（プレゼンス）の向上」
「武道によるインバウンド誘客の促進と地域活性化」
「武道体験を通じたファン層等の拡大による日本の精神・文化の国内外への普及・発信」

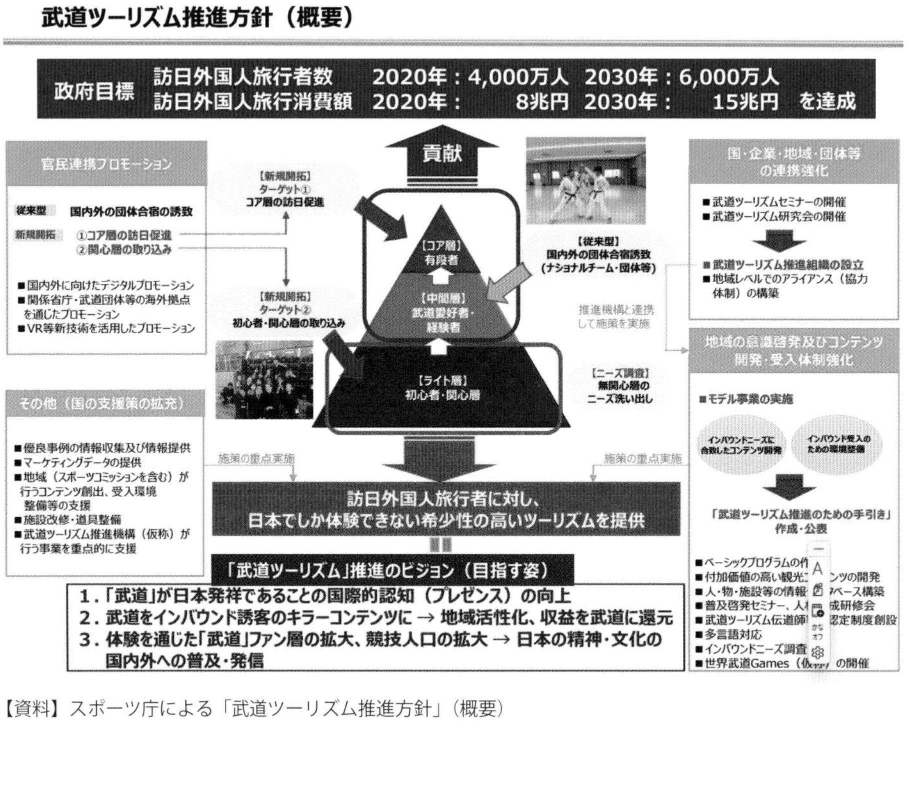

武道ツーリズム推進方針（概要）

【資料】スポーツ庁による「武道ツーリズム推進方針」（概要）

　その実現のために、全国的なネットワーク構築、旅行商品の造成支援、一元的な情報の集約及び発信等を行う全国組織の設立が必要であり、それにより総合的な事業展開を図っていくことが期待されるものと展望した。それは国及び関係者による推進組織であり、以下のような役割が期待できるものである。

1．地域・団体等の全国的なネットワーク構築
2．国際大会等の誘致・開催に関する協力、提言
3．武道を活用した旅行商品の普及及び造成の支援
4．武道ツーリズムを推進するための環境整備、提言
5．武道ツーリズムを推進する人材の育成、研修会等の開催
6．情報の集約、国内外への情報発信 等

　成果発表後、武道ツーリズム研究会は終了し、新たに設置される「武道ツーリズム推進組織」に役割を引き継ぐことになった。

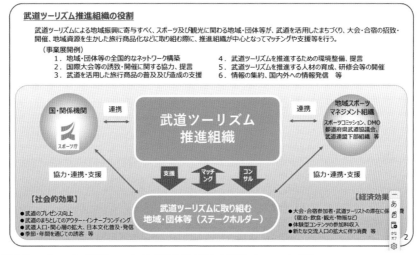

【資料】スポーツ庁「武道ツーリズム推進組織の設立と役割」について（案）

コロナによる活動の休止

　東京2020オリンピック競技大会（2021年7月23日から8月8日）で、来日する海外客に向けて「武道ツーリズム」をアピールするアクション計画があった。しかし、新型コロナウイルス感染症（COVID-19）の世界的流行の対策のために、日本への入国制限が厳しく制限され、その機会を失った。

　コロナ流行期間中は、感染防止対策として、国内で開催される武道・スポーツ大会の開催中止だけでなく、集合が制限され、稽古もできなくなる事態となり、武道ツーリズム推進の活動を中止せざるをえなかった。コロナ流行の状況を伺いながら、徐々に活動が再開されていた。

▲（左写真）大阪体育大学「武道ツーリズム」ホームページより「なりきり剣士体験」プログラムの紹介。
（右写真）田辺熊野ツーリズムビューロー『合気道と熊野古道体験 2 泊 3 日ツアー』ホームページより。

スポーツ庁支援事業

　令和 3 年度（2021 年）スポーツ庁委託事業「スポーツによるグローバルコンテンツ創出事業」を大阪体育大学が受託、「『大学 × 競技団体 × 自治体』で目指す地域文化・観光資源を活かした体験学習型グローバルコンテンツ創出事業」として、大学所属の実績豊かな指導者による剣道・なぎなたの「なりきり剣士体験」プログラムを作成。泉州地区での観光・文化体験と組み合わせて整理し、商品として登録した。

植芝盛平記念館内にある創始者紹介パネル。

　令和 4 年度（2022 年）「スポーツツーリズムコンテンツ創出事業」では TABIKYO JAPAN 社の提案が採択された。「合気道と熊野古道 体験 2 泊 3 日 プラン」が田辺市熊野ツーリズムビューローの販売で 2023 年 4 月にツアー開始されることになった。

　和歌山県田辺市は、合気道創始者・植芝盛平の誕生地であるという認識が市民に広く浸透している。「植芝盛平翁顕彰会」が存在し、田辺市長が会長となっている。2008 年には第 10 回国際合気道大会が開催され、海外の合気道愛好者たちにも知られている。合気会本部主催の「植芝盛平翁の故郷を訪ねて」というイベントでは毎年、内外の合気道家たちが聖地として田辺を訪れる。2020 年 10 月、新武道場に「植芝盛平記念館」が開館している。コロナ全面解禁とともに、関係者の期待を集めたスタートとなった。

地域住民一体化の効果

　和歌山県は人口減少、高齢化、空家率の上昇の問題を抱える県であるが、地域住民が共通した意識を持ちやすい風土があり、地域住民を巻き込んだ「たま駅長」「熊野古道」というユニークなツーリズムモデルを創り出している。

　「たま駅長」は、和歌山電鐵貴志川線が経営状況の悪化で廃線寸前となり、他会社に買収されてから、地域住民のボランティアによる沿線整備など立て直しの活動が展開された。終点駅の売店で飼われていたネコを駅長にして活動のシンボル化した。これがメディアの注目を受け、さらに世界に発信された。その結果、内外からの旅行者の人気訪問先となったものである。

　「熊野古道」は、2004年に「紀伊山地の霊場と参詣道」としてユネスコの世界遺産として登録され一時的に観光バスツアーが押し寄せたものの、直ぐに客足は途絶えてしまった。本当の魅力を知ってもらいたいと組織を立ち上げ活動を展開、「豊かな自然と奥深い歴史を感じさせる参詣道を歩く」場所として、参道整備や訪問者受入れの住民向けワークショップなど地道な努力を続けた。その結果、海外からの旅行者によるSNS発信の効果があり、観光客の七割から八割がインバウンドの外国人という世界的に注目を受ける観光地となったものである。

　こうした実績は未来の「武道ツーリズム推進組織」活動のモデルになりうるものではないだろうか。

先行していた他国の事例と教訓

　韓国忠州市は民俗武芸テッキョンの伝承地であり、「武術武芸の都市」として世界に向けてアピールする活動を開始した。世界武術公園・世界武術博物館というインフラも作られ、1998年から海外の民俗武芸を集めた「忠州世界武術祝祭」を開催した。2011年、テッキョンがユネスコ指定遺産に登録されると、世界の武道武芸文化の保護と発展のリーダーシップをとることを目的として、忠州世界武術祝祭をより大規模なイベントとして拡大した。しかし、2019年まで19回まで継続したものの、それ以降は行わないことが決定された。

　その理由には「イベントのコンセプトが不統一」「世界からのイベント参加に人気がない」「莫大な予算をつぎ込んでいるのに広報効果が無い」等があげられた。

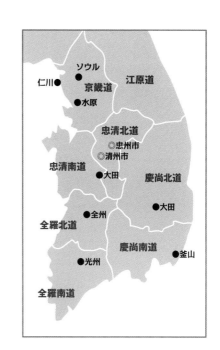

　現地視察で把握された具体的な問題として、

●世界から招聘した武芸チームと地元住民との交流が見られない。

●競技毎に会場が分散し、案内をする地元のボランティアの活動も見られず、来場者の利便性が悪

（左上写真）2019年8月末日から一週間、韓国中部の忠州市で開催された「忠州世界武術祝祭」。
（右上写真）忠州世界武術博物館の外観。
（右下写真）欧州合気道界の重鎮、クリスチャン・ティシェ師範（国際合気道連盟師範）による基本技の講習会。

かった。

●会場に見られた多くの出店であるが、イベントテーマとは無関係の地元農産物や健康品販売などであった。記念となる魅力的なグッズ等の販売はなかった。

●世界武術博物館も学芸員による研究体制が見られず、パネル展示ばかりであった。

などが指摘できた。

大会のテーマは「五千年民族魂と世界武術の出会い」であったが、イベントの構成に消化されておらず、住民および来場者たちとの共感に欠けていた。

広報については、イベント来場者や参加者らの満足度が低く、SNS発信の効果が乏しかったことが原因と推定される。観光客を引き寄せる魅力づくりが不十分となったのは、関係者たちとの組織的なネットワークの形成を含め、総合的な取り組み体制に欠けた結果であろう。

武道ツーリズムへの提言

インバウンドが再開され、再び多くの外国人観光客が訪れることになった。安全安心を保ち、ブラッシュアップを継続して品質のよいサービスが提供できれば、SNS発信効果が見込まれるだろう。

以下は「武道ツーリズム」を発展させるための提言である。

●パフォーマンス系武道の取り込み

海外のサブカルチャー人気に支えられた侍・忍者体験は好調に滑り出している。ビジュアルにわかりやすく、キャッチーである。殺陣等のパフォーマンス系武道は、e-ゲーム、2.5次元演劇などのサブカルチャーから入った女性層が数的にめざましく拡大している。今後はインバウンドの受け

皿を形成していくことが見込まれる。

●地域活性化コンテンツとの連携

　武者行列、甲冑行進、鉄砲隊演武など、地元の歴史的英雄を象徴とし、地域住民の総意をまとめたイベントが開催されている。地元活性化を目的とし、ツーリズムを意識しない活動であるが、外国人にも参加をオープンにしており、すでに SNS で世界に知られているものもある。インバウンド集客効果が高いと見込まれ、その活用が期待できる。

NPO 日本文化体験塾 (IJCEE) が、通訳案内士向けに開催した「侍・忍者体験ガイド養成研修」講座の模様。

●武道人材の活用

　古武道を熱心に学んだ外国出身の方が地域に根付いている。地域ニュースや全国放送のＴＶ番組でも取り上げられる。日本文化の理解者であり、発信者である。活躍の機会を与えることを期待したい。

●武術史資産の整備と活用

　地域の武道史は郷土史家や学芸員らの地道な研究により蓄積されている例が多く、地域

孫市まつり（和歌山市）、演劇と組み合わせた戦国イベント。コロナ下でも無観客で開催した。

の博物館・文書館等で成果が展示されている。地域の武道ツーリズム推進におけるプロモーションやガイドの解説などにより活用を期待したい。

●セレブ層向けの高レベルなコンテンツ

　海外のセレブは日本文化の精神性に共鳴し、深い理解を求めて来日する。全国通訳案内士の団体で、その対応のためのスキルアップブログラムに取り組んでもらいたい。

【参考 HP】
◎スポーツ庁「スポーツツーリズムの推進に向けたアクションプログラム 2020」及び「武道ツーリズム推進方針」の策定
https://www.mext.go.jp/sports/b_menu/houdou/jsa_00032.html
◎武道施設データベース　https://budotourism-japan.com/db/
◎スポーツ庁武道ツーリズム（公式 Instagram）　https://www.instagram.com/budo.tourism.japansportsagency/
◎スポーツ庁武道ツーリズム推進ネットワーク（公式 Facebook）　https://www.facebook.com/budo.tourism.japansportsagency
◎武道ツーリズムの輪を広げよう（Facebook グループページ）　https://www.facebook.com/groups/budo.tourism.wa

海外における

「日本武道に関する 意識調査 2022」

報告レポート

2022 Budojapan Budo/Bujutsu Survey Report

「武道ツーリズム」の主たるターゲットとなる海外の武道武術愛好家には、
初心者から熟練者まで様々な層が存在している。
その世界分布から修練度、また日本武道武術のイメージ、
さらには訪日経験や日本滞在時の稽古参加の実態などについて、
アンケート調査ををを行った。本章では、そこで得られた調査データを基に、
日本在住のギリシア人武道ライターがまとめたレポートを紹介しよう。

（データ集計・本文翻訳◎秘伝編集部）

◉Text by
グリゴリス・ミリアレシス
Grigoris Miliaresis

ギリシャ、アテネ出身。2011年より在日。1987年よりIT・武道中心に新聞、雑誌に執筆。
2008-10「Journal of Asian Martial Arts」誌ギリシャ版編集長。傍ら「五輪書」「不動智神妙録」
「兵法家伝書」他武道に関するギリシャ語翻訳本を多数出版。幼い時より日本武道に興味を持ち、
1986年より松濤館空手、合気道、居合道、剣道、新しい薙刀等アテネで学べる日本武道をすべ
て学ぶ。2007年天真正伝香取神道流兵法をアテネで始め、現在は船橋道場で稽古を続ける。2016年より
小野派一刀流剣術に入門、禮楽堂にて稽古に励んでいる。
http://about.me/GrigorisMiliaresis

1. 調査目的

本アンケート調査は、日本発祥の武道武術を世界に発信するためのコンテンツ制作や、「武道ツー
リズム」振興のための基礎データを収集することを目的としている。

2. 調査主体

株式会社BABジャパン出版局（「BUDOJAPAN.com」WEBサイト）

調査協力者：グリゴリス・ミリアレシス（Grigoris Miliaresis）

3. 調査期間

WEBアンケート：2022年5月2日〜2022年5月31日

4. 調査回収数

世界各地の142人の武道愛好家より回答を得た。

5. 質問内容

本アンケート調査は、株式会社BABジャパンが運営する英語武道サイト「BUDOJAPAN.com」
(https://budojapan.com/)、またその公式Facebookフォロワーを中心に、海外武道愛好家向けの
アンケート調査を英語にて行った。質問は主に、個人属性（5問）、日本武道への取り組みやイメー
ジなど（14問）、武道ツーリズムに関して（16問）など、計35問を設けた。

1. はじめに

　すべてのメディアは、視聴者について知りたがっている。これは CNN もそうであるし、私が住む東京・浅草の町内会の会報でもそうである。特に武道武術の専門誌「月刊秘伝」のような業界誌にとって、コンテンツの受け手を知ることは最も重要なことである。それはコンテンツを形成するのに役立つだけでなく、私たちが属している特定のミクロ世界とそのダイナミクスを理解することにも役立つのだ。デジタル・メディアを通じて日常的にできることではあるが、古き良き時代の「アンケート調査」から得られるものも未だ大きい。何はともあれ、このような特定のアンケート調査に何分も時間を割いて回答してくれる人がいるということは、それなりに考えさせられることである。

　2022 年 5 月 2 日〜 5 月 31 日まで実施した「海外における『日本武道に関する意識調査』」の主たる目的でもあるが、訪日観光客向けの新しい日本体験コンテンツとして「武道ツーリズム」に注目しているのは私たちだけではなく、日本のスポーツ庁や観光庁、文化庁などにおいても同様であることは、すでにご存じかもしれない。旅行と運動と文化理解を組み合わせたこの分野は、武道発祥の地である日本で武道武術の技を磨きたい修行者や、武道発祥の地で初めて武道武術に触れたい初心者に大きな需要がある。

　残念ながら、「武道ツーリズム」は日本ではまだ初期段階にある。空手が初めてオリンピック種目として採用された先の「東京オリンピック」を契機とした組織的な武道ツーリズムは、Covid-19 の大流行と出入国禁止措置により、さらに悪化した。しかし Covid を抜きにしても、スポーツ庁や観光庁などの国家機関や、武道ツーリズムに取り組む可能性のある中小の公的・民間団体には、実際の興味や需要を測るための実証データが不足しているのである。今回の「海外における『日本武道に関する意識調査』」は、まさにそのための最初の試みであり、そこから何がわかったのかを以下に見ていこう。

Ⅱ．日本武道の印象と取り組みの実情

1.回答者は武道武術コア層

本アンケートの開催を発表し告知したソーシャルメディアは、英語武道 WEB サイト「BUDOJAPAN.com」の公式 Facebook（https://www.facebook.com/budojapan.tokyo/　※ 2023年4月時点でのフォロワー数34万人）である。参考までに、アンケート開始前から期間中を通して Facebook で25回の告知投稿を行ったところ、回答は142件（男性139人、女性3人）であった。サンプル数としては少なく感じられるかもしれないが、この回答者たちは世界における武道武術へ最も熱心な愛好家たちの中でも、日本の武道武術、さらに日本文化へ関心が深い「コア層」に当たる人たちであると思われる。

問 1.　性別

	N	%
男性	139	98
女性	3	2
合計	142	100

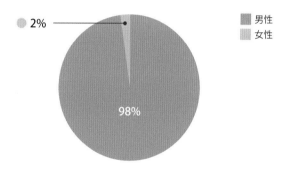

2.武道武術は世界中で知られている

海外における武道の中心はアメリカであろうか？「国籍や現居住地」を問うたところ、実際、回答者のうち一番多い割合を占めた国・地域は米国の 22.5％ であったが、そうとは言えない。ドイツが7％、フランスが6.3％、英国が5.6％、日本が4.9％、3.5％がオーストラリア／カナダ／インドネシア、2.8％がギリシャとフィリピン、2.1％がアルゼンチン／ベルギー／チリ／オランダ／フィンランド／インド／メキシコ／スペイン／ウルグアイ、1.4％がエクアドル、0.7％がバングラデシュ／ブルガリア／コロンビア／クロアチア／デンマーク／エジプト（トルコ在住）／エストニア／香港／ハンガリー／イスラエル／イタリア／キリバス／ラトビア／マルタ／モロッコ／パナマ／ポーランド／ルーマニア／シンガポール／南アフリカ／スウェーデン／ウガンダであった（無回答2名）。つまり、日本の武道は世界中に知られていると断言してもよいだろう。

問 2. 国籍／または現居住地

国籍	N		国籍	N		国籍	N		国籍	N
アメリカ	32		ベルギー	3		コロンビア	1		マルタ	1
ドイツ	10		チリ	3		クロアチア	1		モロッコ	1
フランス	9		オランダ	3		デンマーク	1		パナマ	1
イギリス	8		フィンランド	3		エジプト（トルコ在住）	1		ポーランド	1
日本	7		インド	3					ルーマニア	1
オーストラリア	5		メキシコ	3		エストニア	1		シンガポール	1
			スペイン	3		香港	1		南アフリカ	1
カナダ	5		ウルグアイ	3		ハンガリー	1		スウェーデン	1
インドネシア	5		エクアドル	2		イスラエル	1		ウガンダ	1
ギリシャ	4		バングラデシュ	1		イタリア	1		無回答	2
フィリピン	4					キリバス	1			
アルゼンチン	3		ブルガリア	1		ラトビア	1		合計	142

3. 武道は若者たちの "競技" ではない

　今回の調査では、アンケート回答者の年齢層を 10 代から 70 歳以上の 7 つに区分した。結果はそれぞれ、「10 〜 19 歳:0%」、「20 〜 29 歳:1%」、「30 〜 39 歳:24%」、「40 〜 49 歳:31%」、「50 〜 59 歳：27%」、「60 〜 69 歳：13%」、「70 歳以上：4%」であった。つまり、30 歳以上で 99%、30 歳以上 60 歳未満が 82% と、壮年から中年が最も大きいボリュームを占めた。

問 3. 年齢

	N	%
10 〜 19 歳	0	0
20 〜 29 歳	1	1
30 〜 39 歳	34	24
40 〜 49 歳	44	31
50 〜 59 歳	39	27
60 〜 69 歳	19	13
70 歳以上	5	4
合計	142	100

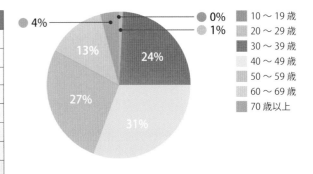

問 4. 氏名／問 5. Email アドレス（※省略）

4.あなたは武道武術経験者？

　武道経験については、「全くない」「1 年未満」と答えた人は、全体のわずか 10％であった。さらに 15％が「1 〜 10 年の経験がある」と回答したが、驚いたことに 18％が「10 〜 20 年」、21％が「20 〜 30 年」、そしてなんと 36％が「30 年以上」の経験を持っている。

　また、武道武術を始めた時期については、「10 歳から 19 歳」が 52％と最も多く、「9 歳以下」が 15％、残りの 32％は 20 歳から 50 歳の間に分散している。

問 6.武道歴

	N	%
なし	5	4
1 年以下	9	6
1 〜 3 年	5	4
3 〜 5 年	5	4
5 〜 10 年	10	7
10 〜 20 年	26	18
20 〜 30 年	31	21
30 年以上	51	36
合計	142	100

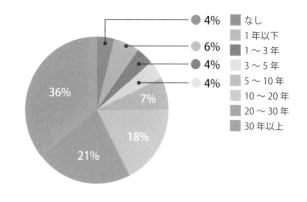

問 7.武道を始めた年齢

	N	%
9 歳以下	21	15
10 〜 19 歳	74	52
20 〜 29 歳	25	18
30 〜 39 歳	13	9
40 〜 49 歳	7	5
50 〜 59 歳	0	0
60 歳以上	0	0
無回答	2	1
合計	142	100

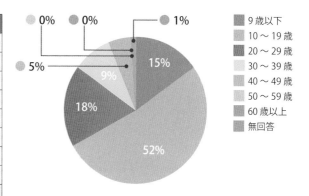

5.修行中の武道武術分布

　世界の「KARATE」として認識されている現在では、「学んでいる武道武術の種類」に対して、回答者の 35％が「空手」を練習していると答えたことは驚くことではない。次いで「柔道・柔術」18％、「合気道」14％、「忍術」6％、「剣道」4％、「弓道」2％ という結果であった。しかし、実は

柔道の前に「その他」が19％あり、その中には「阿吽会武術」から「養正館武道」といった、メジャーではない武道武術、流派や会派までが含まれている。この質問では複数回答が可能なので、数字が合わないということはないはずだ。また、「その他」には「古武道」として認知される神道夢想流、天真正伝香取神道流、柳生新陰流なども入っていた。回答者は、武術のあらゆる分野から集まっているのである。

問8. 現在学んでいる武道武術（※複数回答可）

	N	%
なし	5	2
空手	73	35
柔道・柔術	38	18
合気道	29	14
剣道	9	4
弓道	4	2
古武術	0	0
忍術	13	6
その他	40	19
合計	211	100

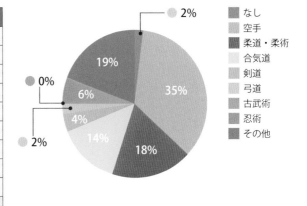

【その他回答】※ ABC 順

合気道／香取神道流／カリ・シラット／ジークンドー　Aikibudo/katori ahinto ryu/ kali silat/jeet kune do
合気柔術　Aikijujutsu
アーニス・カリ・エスクリマ・シラット　arnis kali/Kali,escrima.Silat
阿吽会武術　Aunkai Bujutsu
ブラジリアン柔術　Brazilian Jiu Jitsu
中国武当山カンフー　Chinese Wudang Kungfu
大東流合気柔術　Daito-ryu Aikijujutsu
居合道／琉球古武道（一心流）　Iaido and Okinawan weapons under Isshin Shorinji Ryu.
現在は練習していない　I no longer practice much.
居合道・居合術　Iaido/Iaijutsu
柔道　Japanese judo
杖道　JoDo
杖道／居合道／柔拳法／手裏剣術／手技術（？）　Jodo, iaido, jukenpo, shuriken jutsu, shugijutsu
杖道／銃剣道／短剣道　jodo, jukendo, tankendo
剣術　Kenjutsu
拳法／剛柔流空手／一心流／ハプキドー　Kenpo, GojuRyu, Isshinryu, Hapkido
古流／総合武術　Koryu / Sogobujutsu
カンフー　kung-fu
ムエタイ／テコンドー／形意拳／詠春拳／極真空手　Muay Thai, Taekwondo, Xingyiquan, Wing Chun, Kyokushin
忍武道／合気術　Ninbudo aikijutsu
琉球古武道　Okinawan Kobudo Weapons
琉球古武道／沖縄空手など　Ryukyu/Okinawa everything
神道夢想流杖術　Shinto Muso Ryu
少林寺拳法　Shorinji Kempo
タミルの伝統棒術シランバム　Silambam basics
Sui Shin Kai Lima Lama

太極拳／少林拳／カリ　Tai Chi Chuan, Shaolin Kung Fu, Kali,
太気拳　Tai ki ken
躰道　Taido
天真武甲流兵法　Tenshin Buko-ryu Heiho
天真正伝香取神道流　Tenshinsho-den Katori Shinto-ryu
詠春拳／カリ　Wing Chun, Kali
柳生新陰流　Yagyu Shinkage Ryu
養正館武道　Yoseikan-Budo
日本泳法／槍術／杖術／薙刀　Eiho (swimming), Sojutsu (spear), Jojutsu (staff), Naginata, etc.

問 9. 学んでいる武道流派や道場の名称　※省略

6. 日本武道武術になぜ惹かれたのか？

　「武道・武術を習い始めたきっかけは？」という質問には、最も興味深い返答があった。学校でのいじめから身を守るため、軍隊に雇われている間に徒手格闘術を学ぶためなど、およそ 20 種類のバリエーションから「護身（自己防衛）」という最も人気のある答えが返ってきた他、「1970 年代のテレビドラマ『カンフー』のファン」、「日本文化への愛」、「サッカーが下手だったこと」、「パワーレンジャーになる空想」、「家族や仲間からの圧力」、「自己表現と内面の真実の探求」、「とても複雑である」等々……。この特別な質問に対する答えを分析し、武道と武道に惹かれる人々が私たちに何を語ってくれるのか、別の記事を書くべきかもしれない……。

問 10. 武道を始めた理由　【別添資料参照】

7. 他武道への興味

　「他の武道・武術を学びたいですか、または学びたいと思っていますか」という質問への回答は、「古流武術」が 23％、「空手」が 2 番目で 19％、3 番目の「合気道」は 10％であった。空手と合気道の間にある「その他」には、相撲から琉球古武道、そして「刀」まで、あらゆるものが含まれている。

【その他回答】※ ABC 順

合気道　Aikdo
宝蔵院流槍術　Hozoin Ryu Sojutsu
空手／柔術／居合道／剣道　I am interested in all, specially Karate, Jujutsu and Iaido/Kendo
すべての武道武術　I look in to every style i can find.
岩間合気道／神道夢想流杖術　I love my current study of Iwama Aikido & Shinto Muso Ryu
合気道／刀　I'm too old to train, I want to document on video. But Aikido and the sword
居合道／居合術　Iaido, iaijutsu
居合道　Iiaido

問 11. 学んでみたい／興味がある武道武術

	N	%
なし	4	3
空手	26	19
柔道・柔術	13	9
合気道	14	10
剣道	13	9
弓道	7	5
古武道	33	23
忍術	10	7
その他	19	13
無回答	3	2
合計	142	100

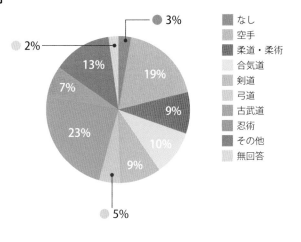

古流武術全般（天神真楊流／弓術・弓道［特に日置流］）） Interested in Koryu in general, Koryu Jujutsu (Tenjin Shinyo-Ryu) and Kyujutsu/Kyudo (especially Heki-Ryu).
古流柔術　Japanese Jujitsu style NOT Brazilian style
杖道杖術　Jodo ／ Jojitsu
柔道／弓道　Judo; Kyudo
柔術　JuJutsu
カリ　Kali
空手　Karate
空手／古武道　Karate, kobudo
空手／居合道　Karate, Iaido
日本刀　Katana
香取神道流　Katori
剣道　Kendo
古武道　Kobudo
琉球古武道（サイ）Kobudo Sai
古流武術　Koryu bujutsu
弓道　Kyudo
ムエタイ　Muay Thai
忍術　Ninjitsu
沖縄空手／琉球古武道　Okinawan Karate & Kobudo Weapons
琉球古武道　Ryukyu Kobudo
振武舘（黒田鉄山）Sensei T Kuroda's art
小林（少林／松林）流空手　Shorin Ryu Kenpo Karate
少林寺拳法　Shorinji Kempo
相撲　Sumo
太気拳　Tai ki ken
天道流薙刀　Tendo-ryu
天真正伝香取神道流　Tenshinsho-den Katori Shinto-ryu
伝統療法　Traditional medicine and healing culture
武当山カンフー　Wudang Kungfu
流鏑馬　Yabusame
養正館武道／合気柔術　Yoseikan Aikijujutsu

8.世界がリスペクトする武道家

　「あなたが尊敬する武術の師匠を教えてください」という質問項目だが、予想通り「私の先生」が12票で最多となった。以下、空手家・中達也（10票）、古武術家・黒田鉄山（9票）、空手家・金澤弘和（8票）、極真空手創始者・大山倍達（6票）、合気道開祖・植芝盛平（5票）、武神館宗家・初見良昭（4票）と続き、3、2、1票の回答が延々と続き、中には自薦と思われるものも含めて120件の回答を得た。

問12. 尊敬する武道家　※詳細省略

9.すべては心の中にある

　「武道・武術に対するあなたの印象やイメージを教えてください」という質問には、回答者自らを表現してもらうような回答が多かった。詩的なもの（「深い湖」「静かに流れる水」「シルクプリント」）、規範的なもの（「鍛錬」「人格形成」「生き方」）、さらには奇妙なもの（「瞑想する侍」「おかしな修行」「将軍様」）も見受けられた。「自己啓発」が一番多いテーマであるようだが、例えば「護身術」を含む回答が1件、「効果」が1件しかない一方で、「伝統」が6件もあるのは興味深いことである。武道が世界的な文化となってから50年以上が経過しているため、やはりイメージは変わってきているのかもしれない。

問13. 武道武術の印象／イメージ　【別添資料参照】

10.世界に知られる達人たち

　今回は少し変わった質問をしてみた。「あなたが知っている日本の武道・武術の先生を教えてください」という内容であるが、一般的な質問なので、「たくさんいる」「何人かいる」という答えがいくつかあってもおかしくはないであろう。阿久澤稔（阿吽会）、初見良昭（武神館）、斉藤仁平（合気道）、喜瀬功（沖縄空手）、JKA（日本空手協会）の1970年代のメンバー（中山正敏、金澤弘和、榎枝慶之輔、森正隆など）、西尾昭二（合気道）、そしてもちろん現代の指導者では中達也（空手）、黒田鉄山（振武舘）、白川竜二（合気道）など、より具体的に答えた人がほとんどである。今回も空手関係の名前が圧倒的に多かったが、回答者の中に空手愛好家が多いため不思議ではない。

問14. 知っている日本人武道家　【別添資料参照】

11.「漫画アニメ」と武道

　ここは日本なので、マンガやアニメと武道の関係を測ってみる必要がある。というのも、日本が誇る膨大なマンガやアニメのうち、海外ではほんの一部しか見ることができないからである。以上のことから、「あなたが知っている武道・武術のアニメ・マンガは？」という質問に対して、上位には『刃牙』『NARUTO』（9票）、『るろうに剣心』（8票）『史上最強の弟子 ケンイチ』（5票）『鬼滅の刃』（5票）がランクインしていることがわかる。続いて『子連れ狼』（4票）、『ケンガンアシュラ』（3票）となっている。以下、2票または1票の作品が37本と続く。興味深いことに、このリストには宮崎駿監督の1984年の名作アニメ『風の谷のナウシカ』が含まれているが、武道について語るときに最初に思い浮かぶ作品とは言い難い。

問15. 知っている日本の武道漫画／アニメ

【その他回答】

　ブリーチ／はじめの一歩／空手小公子／拳児／バガボンド／ツルネ 一風舞高校弓道部一／バンブーブレード／秘拳伝キラ／火ノ丸相撲／犬夜叉／呪術廻戦／空手バカ一代／北斗の拳／六三四の剣／カムイ伝／らんま1/2／ドラゴンボール／蒼天の拳／鉄拳チンミ／ティジクン／TOUGH―タフ―／YAWARA／マンガ・武道のすすめ、その他

12. 時代とともに変わる武道メディア

　マンガやアニメを題材に、より業界に特化した質問をしてみたが、「武道・武術の主な情報源は何ですか？」との質問は非常にわかりやすいく、その答えも同様にストレートなものであった。結果は、「YouTube」26％、「書籍」23％でほぼ半数を占め、「ウェブサイト」15％、「ビデオ」13％、

問16. 武道武術の情報源

	N	%
書籍	33	23
ビデオ	19	13
ウェブサイト	21	15
YouTube	37	26
Facebook	10	7
Instagram	1	1
Twitter	0	0
日本語メディア	6	4
その他	14	10
無回答	1	1
合計	142	100

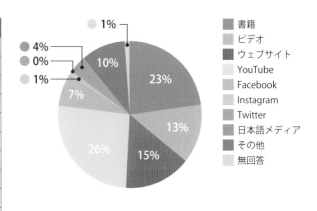

「Facebook」7%と続く。日本語のメディア（書籍、ビデオ、ウェブサイトなど）は別にあり、4%にとどまり、やはり言葉の壁は大きいことを思い知らされる。さらに「その他」のカテゴリーには、「セミナー」「指導者」「個人的な議論」などがあった。YouTubeは予想通りであるが、インターネット以前の時代から武道武術界に身を置く私たちにとって、書籍が2位というのは嬉しい驚きである。

13. 最も知りたいのは武道の「やり方」

　江戸時代に武術のマスメディアが誕生して以来、コンテンツに関してはほとんど変化がないのが興味深い。「どのようなコンテンツを最も求めていますか」と質問したところ、半数の人が「技術ガイド」と答え、文字通り50%を占めた。2位は「歴史」（17%）、「ドキュメンタリー」（11%）、「演武」（10%）、「インタビュー」はわずか5%に留まった。「エンターテインメント」「試合」がそれぞれ1%、「その他」が4%という結果であった。つまり、300年近く経った今も、人々が武道について学びたいのは、"武道のやり方"なのである。回答者のほぼ4分の3が武道経験者であることから、ビデオや本で学ぼうとしている人たちではないことは確かである。あるいは、もしそうであったとしても、その内容をどのように利用するかについて、十分な意見を持っているのである。

問17. 一番見たい武道武術コンテンツ

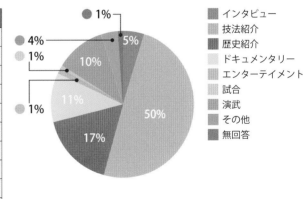

	N	%
インタビュー	7	5
技法紹介	71	50
歴史紹介	24	17
ドキュメンタリー	16	11
エンターテイメント	1	1
試合	1	1
演武	15	10
その他	6	4
無回答	1	1
合計	142	100

14. お気に入りのサイト

　このような調査には必ず、回答者が質問者に良い言葉をかけることができるような質問のバリエーションがある。今回の調査では、「お気に入りのウェブサイトやビデオなどを教えてください」という質問で、最も多くの票を集めたのは我々の「Budojapan.com」であった。これは自由回答であるので、数字はあまり重要ではない。また、「講道館」、「黒田鉄山」、「Black Belt Magazine」、

「Guillaume Erard」、「Jesse Enkamp - The Karate Nerd」、「Chris Sumo」といった個人製作のコンテンツもあった。面白いのは、「Various Facebook groups」、そして20年ほど前に武道のコミュニティとして有名だった「E-Budo.com」が数件ランクインしていることである（しかし、「Reddit」［※アメリカ合衆国の掲示板型ソーシャルニュースサイト］は見当たらなかった）。

問 18. お気に入りのホームページ／チャンネル　【別添資料参照】

III.　武道ツーリズムに関する設問

　ここからは、「武道ツーリズム」一般についてどう感じているか、日本へ行く可能性はあるか、行ったことがある人は再来日する可能性はあるかなど、より日本訪問に特化した質問に移っていく。もちろん、これらの質問もほとんどが武道に関するものであるが、訪問希望都市に関する質問なども設けてみた。

1. 武道ツーリズムへの興味

　「武道・武術を学ぶために日本へ行くことに関心はありますか？」との質問に対し、81％の方が「とても関心がある」、11％の方が「少し関心がある」、5％の方が「どちらでもない」と回答した。残りの3％は「ほとんど関心がない」「全く関心がない」で、それぞれ理由があると思われるが、最初の2項目で92％というのは、武道ツーリズムの未来に明るい兆しが感じられる。

問 19. 武道学習のための訪日への興味

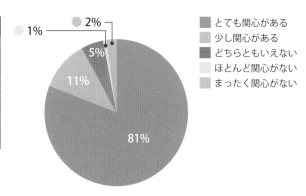

	N	%
とても関心がある	115	81
少し関心がある	16	11
どちらともいえない	7	5
ほとんど関心がない	1	1
まったく関心がない	3	2
合計	142	100

2. 長期滞在する海外武道愛好家

　次の質問「日本を訪れたことがありますか（回数）」への回答が興味深い。「訪日経験なし」が全体の58%。残りの42%は、「1〜3回：23%」、「3〜5回：6%」、「5〜10回：5%」、「10〜20回：2%」と分かれ、さらに「20回以上」と答えた人も6%もいた。先の質問と合わせて考えてみると、日本に行ったことがない人は「行きたい」と思い、行ったことがある人は「また行きたい」と考えているようだ。(10回以上来日している人は8%なので、武道ツーリズムの案内は必要ないだろうが……)。

　滞在期間については「1〜7日」「7〜14日」「14日以上」の選択肢があり、回答者の80%が「1週間以上」と答え「1週間以下」はわずか20%であった。

問20. 訪日経験の有無と回数

	N	%
なし	82	58
1〜3回	32	23
3〜5回	9	6
5〜10回	7	5
10〜20回	3	2
20回以上〜	9	6
合計	142	100

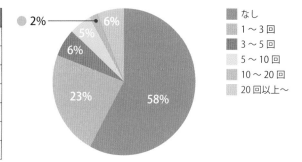

問21. 平均滞在日数

	N	%
1〜7日	12	20
7〜14日	21	35
14日以上〜	27	45
合計	60	100

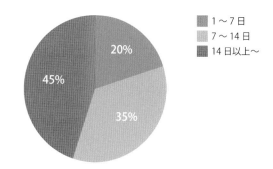

3. 訪日客のほとんどは稽古参加者！

　日本訪問時の稽古参加の有無については、「参加したことがある」44%（54人）に対し、「参加したことがない」56%（68人）と僅差ではあった。だが、これは前問を踏まえて考えてみると、「日本を訪れたことがある」と答えた60人のうち、大半の人（54人）が「武道の練習に参加したことがある！」というのは驚きである。

問 22. 訪問時の武道稽古参加経験の有無

	N	%
有り	54	44
無し	68	56
合計	122	100

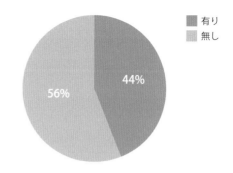

4. 道場とのコンタクト

　「道場や指導者とどのように連絡を取ったか」という質問に対しては、「所属している団体や道場からの紹介」が42%、「知人からの紹介」が21%である。インターネット（ホームページ：13%、フェイスブック：3%）を利用した人は合計16%で、「旅行代理店を通じて」という回答者もいた。

問 23. 道場や師範との連絡方法

	N	%
所属団体の紹介	29	42
知人からの紹介	15	21
ウェブサイト	9	13
Facebook	2	3
雑誌広告	0	0
旅行会社を通して	1	1
その他	14	20
合計	70	100

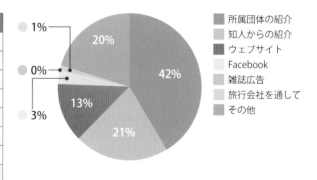

5. 稽古への参加

　「滞在中、何回練習に参加しましたか」という質問に対して、「1〜3回」38%、「4〜7回」20%、「7〜10回」14%、「10回以上」28%と、7回前後でほぼ半々の数字になった。空手の場合など、本部道場を持つほとんどの現代武道ではほぼ毎日稽古が行われているので、この数字は理にかなっている。一方、稽古日が少ない古武道で10回以上の稽古をするには、2ヶ月以上日本に滞在しなければならない。

　稽古時間については、「1回の稽古は何時間でしたか」という質問に対して、「1〜2時間」が42%、「2〜4時間」が34%、「4時間以上」が11%、「1時間以下」が13%との結果になった。

問 24. 滞在時の稽古参加回数

	N	%
1 〜 3 回	20	38
4 〜 7 回	11	20
7 〜 10 回	8	14
10 回以上〜	15	28
合計	54	100

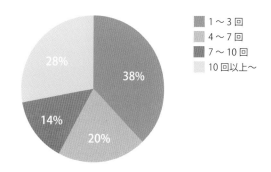

問 25. 一回の稽古時間

	N	%
〜 1 時間以下	7	13
1 〜 2 時間	23	42
2 〜 4 時間	18	34
4 時間以上〜	6	11
合計	54	100

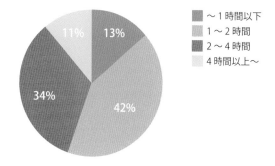

6. 稽古参加への満足度は極めて高い

　「あなたの練習体験はどの程度満足でしたか」という質問には、もちろん数値化するのは難しいので、「非常に満足」から「非常に不満」までの5段階の幅で答えてもらうことにした。その結果、74％の方が「非常に満足」、17％の方が「満足」、さらに9％の方が「どちらとも言えない」と回答した。つまり、「不満」「非常に不満」という項目はなく、これはとても望ましい結果と言えるだろう。

　さらに、「稽古体験で満足した点、不満だった点を教えてください」と質問したところ、「日本人を含め、礼儀作法に神経質な人が多い」「世界レベルの講師ばかりで、稽古もレベルが高い」「言葉や生活費が不満だった」「修行後に温泉や食事でみんなと遊ぶのが最高だった」など、多くの回答があった。

問 26. 稽古参加への満足度

	N	%
非常に満足	40	74
満足	9	17
普通	5	9
不満	0	0
非常に不満	0	0
合計	54	100

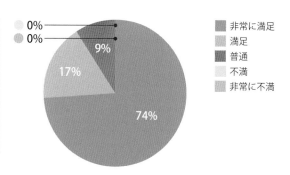

問 27. 満足点・不満点

【自由回答】※ ABC 順

- ●（※注：現在は福岡に住んでいます）訪問者の方とお話をしていて感じるのは、宿泊や旅行に関する情報を得るのが難しいということです。スマートフォンやインターネットが普及したことで、ずいぶん楽になりましたね。あとは、日本人も含めて、マナーについて神経質になっている人が多いですね。そこで、合気道祥平塾の「よくある質問」をまとめたページを作りました。http://en.shoheijuku.org/faq-visitors-new-members/
- ●世界的な講師陣が揃っているため、稽古の内容も充実している。言語と生活費は、日本滞在中、もっとも不満な点でした。
- ●毎日のエクササイズ、型トレーニング、夜のスパーリングセッションなど、常に良いトレーニングができる。
- ●武道発祥の国であること、私の言語能力の低さ。
- ●優秀な講師陣のもとで練習できるのは素晴らしい経験。
- ●稽古後、温泉や食事でみんなとワイワイするのは、いつも最高の楽しみでした。不満に思うようなことはなかったですね。

7. 翻訳できないもの

　今後の武道ツーリズムをより良いものとするためには、「稽古体験の中で、言語や文化の違いによる問題はありましたか」と聞かなければならない。私たちは歯を食いしばって回答を待っていたにもかかわらず、回答者からの 70％に及ぶ「無し」は非常に安心するものであった。しかし、もう少し掘り下げて、「一番困ったことは何ですか」と質問したところ、日本人が英語を話せないことを理由にする方は少なくなったが、回答者たちが日本語が不自由であることを述べた上、残りの30％の方は、「言葉」のバリエーションをたくさん挙げた。これは予想されたことであり、もちろん対処が必要である。

問 28. 稽古における言語的／文化的問題の有無

	N	%
有る	23	30
無し	54	70
合計	77	100

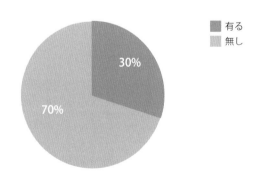

　私たちが得た他の回答も示唆に富み、検討に値すると考えるものを、いくつか以下に紹介したい。「稽古以外での接触がない」、「誰も私と話したがらない」、「やりたいことをすべてやるには時間が足りない」、「仲間の中には若干から中程度の差別主義者がいる」、「日本人の弟子が当たり前のよう

に期待する、外国人には準備不足の小さなことがたくさんあった」「教えられないベテランの先生」……。

問 29. 稽古参加時に一番困ったこと（※自由回答）

8. 訪問時に叶えたいこと①（武道関連）

　このアンケートの主な目的のひとつは、日本に来たい武道武術愛好家（あるいは武道家になりたい人で日本に来たい人）にとって、より良い経験を作るための手助けをすることである。したがって、質問30、31、32は基本的に"ウィッシュリスト"であった。まず、「日本で体験してみたい武道・武術イベントは何ですか？」という質問には、「演武会・試合／大会の観覧」「通常の稽古参加」「個人レッスン受講」「特別セミナー参加」「他武道・他流派の体験」「武道武術エキスポ・フェスティバルへの参加」「指導者との食事会」という選択肢を設けてみた。

　「通常の稽古参加」が44％、「個人レッスン受講」が10％、「特別セミナー参加」が11％、「他武道・他流派の体験」が10％、「武道武術エキスポ・フェスティバルへの参加（5％）」「演武会・試合／大会の観覧（3％）」「指導者との食事会（2％）」が合わせて10％、その他が4％となった。

　ここでも、回答者の大半は武道経験者なので、普通に稽古に通うことにメリットを感じてもおかしくはないだろう。しかし、ツアーガイドとしての個人的な経験から言うと（武道家と一般人の両方）、「観光体験」というより「日本の日常生活」に近い経験を求める人が、特に若い人たちに増えてきている。銀座の高級寿司屋で食事ができる人が、「日本のサラリーマンは牛丼を食べている」と聞いて、牛丼チェーン店に連れて行ってもらった例などもあった。

問 30. 体験してみたい武道武術コンテンツ

	N	%
演武・試合観覧	4	3
通常の稽古参加	63	44
個人レッスン	15	10
特別セミナー参加	16	11
他流派の体験	14	10
エキスポ	7	5
直会（師範との食事会）	3	2
その他	5	4
無回答	15	11
合計	142	100

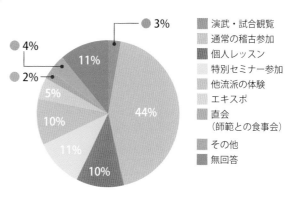

9. 訪問時に叶えたいこと② （武道以外）

　ここでは、武道武術以外へも選択肢を広げてみた。「日本で体験したい観光は何ですか」と質問したところ、「武道・武術に関連する史跡訪問」（40%）、「武道・武術以外の日本文化体験」（30%）、「温泉に行く」（4%）、「食事（日本料理）」（2%）、「買い物（武道・武術用品など）」（2%）、「日本旅館への宿泊」（1%）の順で回答があった。

　武道・武術に関連するものが1位なのは当然として、2位の「武道・武術以外の日本文化に触れる」が30%というのは少し意外であったが、よく考えてみると、10年以上武道を続けている人は、武道の文化的価値、そして一般的な文化の価値を認めているわけであるから、その文化をもっと見たいと思うのは当然のことである。では、「日本文化の他の側面」とはどういう意味なのか、以下に見ていきたい。

問31. 体験してみたい観光コンテンツ

	N	%
武道史跡訪問	56	40
食事（日本食）	3	2
温泉	6	4
日本式旅館	2	1
武道以外の日本文化体験	42	30
ショッピング（武道具など）	3	2
その他	9	6
無回答	21	15
合計	142	100

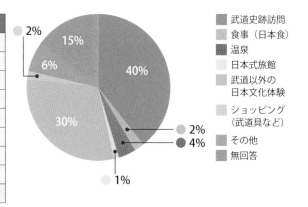

10. 訪問時に叶えたいこと③ （都市）

　「日本で行ってみたい都市は？」と質問したところ、歴史ある京都と現在の東京がそれぞれ38票、41票となり、人気のある都市には理由があることがわかった。また、今回のサンプル回答者は空手志向が強いため、沖縄（22票）が続いた。さらに、大阪（20票）、広島（5票）、奈良（4票）、世界的に著名な武術忍術道場「武神館」のある千葉県野田市（4票）、鎌倉（3票）、福岡、北海道、鹿児島、熊本、名古屋、仙台（2票）となり、さらに15都市が各1票を獲得した。この中には非常に細かい選択肢（例えば、相馬野馬追で有名な福島の原町）も含まれていることがわかる。この質問には、「その他」という選択肢もあり、「歴史的意義のあるもの」という答えがあった。特に「大河ドラマで取り上げられたところ」「城めぐりが好きで、城のある街ならどこでも行く」、そして個人的には「江戸との回答が印象的であった」（笑）。

問 32. 訪問してみたい都市

都市	N		都市	N		都市	N
東京	41		鹿児島	2		川崎	1
京都	38		熊本	2		高知	1
沖縄	22		名古屋	2		九州	1
大阪	20		仙台	2		長崎	1
広島	5		萩	1		日光	1
奈良	4		函館	1		岡山	1
千葉県野田市	4		福島原町	1		札幌	1
鎌倉	3		伊勢	1		富山	1
福岡	2		山口県上関町	1		横浜	1
北海道	2		神奈川	1			

11. Vox Populi（民の声は神の声）

　最後の 3 つの質問は、回答者にチョンマゲの髷を解いてもらい、リラックスして回答してもらった。質問内容は「日本で体験した最高の観光は？」「その他、武道ツーリズムに関するご意見・ご質問」「BUDOJAPAN.com に関するご意見・ご質問」である。「菊池文化センターで鎧を試着させてもらった」、「美しい人々」、「富士山に登った」、「鎌倉に行った」「福岡の屋台で食べた」「新幹線とジャパンレールパスの便利さ」「姫路城」「京都武道館で練習した」「旅館と温泉に入った」「奈良の柳生村に行った」「熊本で宮本武蔵の墓に行った」など、最初の質問と訪日者の体験がハイライトになっている。

　「新幹線は便利なのか？」「合気道や柔道などの現代武道を体験できるプログラムはいくつか知っているが、古流を体験できるプログラムは知らない」というのが、2 番目の質問に対する回答である。　有名な薬丸自顕流の稽古に一日参加したり、天然理心流の稽古に参加したりすることができれば、多くの観光客は感激するのではないだろうか。　また、「日本を旅している間に、その地域の伝統的な武術を学んだり、見学したりする機会があれば、ぜひ参加したい」「日本刀や甲冑の製作や研磨を見学したい」「外国人向けの道場のリストがあれば、住所も英語で書かれていて、行きやすいと思う」などもあった。

　そして 3 つ目の質問については、私たちすなわち「Budojapan.com」と「秘伝」との関係についての質問であったので、おそらく回答は私たちの間にとどめておいた方がよいであろう。正直なところ、25 件のコメントや質問のうち、批判的なものは 2 件だけで、あとはすべて私たちの活動を祝福してくださっているものであった。

問33.オススメの観光体験

【自由回答】※ ABC 順

- ●京都のお寺は全部、あと一度だけ広島に行ったことがあります。
- ●弓道の練習や試験はもちろん、菊池文化センターでは武士の甲冑を試着させてもらったりしました。また、温泉を体験したり、博物館を見たり、神社を訪れたりすることができました。
- ●美しい人々
- ●城、公園、デパート、鉄道、博物館、東京、千葉、田舎の小さな町、江戸時代からの町。
- ●富士山に登り、鎌倉を訪ねる。
- ● 20 歳の時に感じたカルチャーショック
- ●道後温泉がハイライトです。
- ●福岡の屋台での食事（大阪の道頓堀など一般的な場所での食事も）、美術館や仏閣の訪問、新幹線とジャパンレールパスの便利さ、私はとても少ない予算でした。
- ●箱根の旅館、温泉、おいしい食事、山中湖、そしてもちろん富士山で、楽しい時間を過ごしてください。押忍。
- ●箱根
- ●北海道
- ●私はこれまで 4 回ほど日本への旅行を計画し、試みましたが、そのたびに旅行をキャンセルする必要がありました。とても残念ですが、いつか必ず行きます。
- ●首里城と玉泉洞を訪れるのが好きでした。
- ●東京（千代田、上野、水道橋、秋葉原、お台場）を訪れるのは本当に楽しかったです。大阪と京都も素晴らしかったです。伊勢と日光は本当に美しかった。
- ●鎌倉では禅宗のお寺と天狗のお社がありました。
- ●日光神社と姫路城、京都武徳殿での練習風景
- ●大阪城と近所の居酒屋
- ●京都の哲学の道
- ●友人との付き合い
- ●鎌倉や成田など、地元のお祭りを見ることができたのも、私の好きな観光体験のひとつです。 次回の来日では、より多くの地域の祭りを見ることができるような計画を立てたいと思っています。 また、日本の伝統的な料理作りに参加することも、とても楽しいです。
- ●公園で過ごしたり、お祭りに参加したり、地元の人たちと触れ合う。
- ●旅館や温泉に泊まる。
- ●寺参り
- ●東京と大阪
- ●新幹線での移動、奈良での鹿への餌やり、武道に関する書籍の購入、温泉入浴
- ●佐賀／熊本の旅
- ●沖縄訪問
- ●神社仏閣や城、庭園を訪ねます。また、新幹線に乗ったり、様々な食べ物や市場を試したりすることもできます。
- ●熊本では巌流島、小倉城、霊洞窟、宮本武蔵の墓、沖縄では順道館空手道場、首里城を訪問する。
- ●京都／奈良を訪れ、奈良の柳生村に行く。
- ●京都でお寺巡り
- ●寺社仏閣や庭園を訪ねること。
- ●古城を訪ねるのもリストの上位に入るでしょう。古代日本がどのようなものであったかを感じさせてくれる場所ならどこでもいいのです。
- ●私たちは、日本の観光地を訪れる時間があまりありませんでした。

問34. 武道ツーリズムに関するご意見・ご質問　※省略

問35. BUDOJAPAN.com に関するご意見・ご質問　※省略

Ⅳ. おわりに

　以上、武道の国・日本と海外武道武術愛好家との関わりについて、回答者皆さんの経験、願い、希望、そして抱負を紹介した。各所で指摘したように、そこには多くの考慮すべき点があり、私たちがより良いコンテンツを提供し、担当する機関がより良い観光商品を企画し、より多くの人々を日本に招くために役立つことがたくさん存在する。

　さて、最後の質問に寄せられた以下のコメントについて、私見を述べさせていただこう。

「近年、日本では日本の文化観光を利用したビジネスが展開されています。これは悲しいことです。本物の指導者が外国人に門戸を開くことは歓迎しますが、お金目当てのビジネスは日本全体にとっても、日本文化にとってもよくありません」

　これは非常に長い議論の始まりになるかもしれないが、おそらくすぐにでも始めるべきことであろう。私の経験から言えることがある。私は人生の5分の4をギリシャのアテネで、5分の1を東京の浅草で過ごしたが、この2つは間違いなく世界最大の文化観光の拠点であり、洗練された文化観光活動と粗野な文化観光活動の存在両方を直接知っている。武道が文化商品である以上、それが商業商品となるのは必然であり、実はこれは、日本の文化の多くが商業化された江戸時代からすでに起こっていたことである。しかし、商業化されたからといって、文化の質が低下したり、永久に失われるわけではない。関係者が誠実であれば、観光によって文化が損なわれることはないばかりか、逆にそれらは強くなるのである。

Ⅴ．別添資料　自由回答

【問 10. 武道を始めた理由】

- ①オルタナティブ・オープン・ラーニングのスタイル　②禅宗に興味がある。
- 友人から「柔術を習いに行かないか？」と尋ねられたため。
- 友人に勧められて、面白そうだと思いました。それで近くの道場を見つけ、好きになりました。
- 実は、私はいじめから身を守るために空手を習ったのですが、私たちの街では刺殺事件が頻発していた時期がありました。
- 武術を学ぶことにいつも関心を持っている。
- 日本の武術に感謝するため。
- 規律、敬意、健康について学ぶため。
- 10 歳の頃、格闘技にとても興味があり、もっと強くなりたいと思い、蹴ったり打ったりするのが嫌だった両親から柔道教室に入門させられました。
- 当初は肉体的にも精神的にも強くなりたいという思いがありました。
- 幼い頃から武道には興味がありました。7 歳か 8 歳のときに観た『七人の侍』は、とても衝撃的でした。
- 私は学校での礼儀作法に問題があったためです。
- なぜなら、私は日本の武道の哲学やメソッドにとても憧れているからです。
- より強くなるために。
- 学校でのイジメ
- ライフスタイルの変化
- 好奇心に駆られて。
- 個人的な護身のため。
- 最初は格闘技の映画を見て熱中したのがきっかけでしたが、その後は、その価値観や自己研鑽の精神に惹かれていきました。
- 運動と自分に自信を持つ。
- 健康や人格形成のため 。
- 健康維持と護身のため。
- 護身、健康、自信のために。
- 小さい頃から日本の文化が好きで、護身のため。
- 自己鍛錬のために。
- 私が学んだ高校で実践されていたスポーツで、スポーツが私の期待をすべて満たしてくれると思えば、最高の選択だったと思います。
- 娯楽のため。
- 一般的な興味
- 「いい質問だ！」と思いました。というのも、そうなる運命だったのです。でも、当時の " きっかけ " は、「ブルース・リー」や「カンフー」でした。
- 兵役中に徒手格闘術を学ぶため。
- 健康と護身
- 健康、護身術、武芸
- 私はもともと日本文化が好きで、武道・武術を学びたいと思っていました。住んでいた都市で稽古が可能となった時、私は学び始めました。
- 日本の古流武術に残された歴史と伝統に魅了されました。
- 伝統的な武術にとても興味があり、さらに身体や心、精神の発達に役立つということで、NSW 州で沖縄剛柔流（IOGKF）のトレーニングを開始しました。
- 私は、武道が私を選んだと信じています。子供の頃、武道と即座につながりを感じ、自分を向上させ、目の前で見た、体の動きとバランスのとれた精神面を持つ、よく鍛えられた人間になりたかったので、私の人生を通して多くのものを与えてくれました。

●私はテコンドーを 15 年間続けました。大学に進学すると柔道が開講されました。その後、より豊かで複雑な要素を理解するために、他の武道も試しました。テコンドーのクラブは閉鎖され、今は主に空手をやっています。

●日本に興味があった。

●私は幼い頃から武道に興味がありました。

●若い頃から柔道を始め、茶帯で卒業しましたが、その後、中断せざるを得なくなり、20 年後、自宅のほぼ目の前に武道館の道場があることを知り、指導者に会い、他の生徒と共に学び始めました。

●私は自分の体力とフィットネスレベルを向上させるのが好きで、必要であれば自分を守るために知っておきたいのです。文化も学びたい。また道場で学びたいし、武道的な生活スタイルもしたいです。

●日本が好きで、武道を学ぶのは自然な流れでした。

●テコンドーを 5 年、洪家拳を 15 年練習していました。武道の視野を広げ、空手とカンフーの違いを体験し、さらに技術を向上させたいので、空手を練習しています。

●武道の旅はとても謙虚で、同時にエキサイティングで、私は日本の文化が大好きです。

●『Shogun』いう本を読みました、武士道という側面に魅力を感じました。

●安らぎを与え、全体的な幸福感を得ることができるため、自分の人生を支える良い方法だと考えました。

●私は健康と自己鍛錬のために 4 歳の時に武道を始めました。私が成長したとき、私は心で武道とつながり、それは私の人生のさまざまな分野で私を助けてくれました。

●いじめられていて、自分に自信を持ちたかったので、習い事を始めました。

●護身のために勉強を始めました。

● JET プログラムで日本に滞在していた時に始めた。

●空手の稽古で自分に自信をつけたい、そのインパクトを伝えたい。現在、私は松濤館空手道インドを運営し、伝統的な空手と現代的なスポーツ空手の普及に努めています。

●より良い人間になりたいと思ったから。

●パワーレンジャーやスーパー戦隊のメンバーになりたかったんです。しかし、松濤館流空手道という武道に惚れ込み、他の空手道も探求するようになったため、最近、友人から上地流を習い始めました。

●人々を守る存在になり、歴史ある武術の系譜を未来や世界で繁栄させることができるようになりたいと思ったからです。

●自分の身体で非日常的なことができるようになりたかったのです。そしてまた、（普遍的に）強くなりたかったからです。

●友人と共通のアクティビティを持ちたかったから。

● 10 代の頃、友人と武道を習いたいと思っていました。ある友人はすでに合気道をやっていたのですが、私が「パンチを受けたらどう対応するか」と尋ねると、私の後ろに回りこんできたのが印象的でした。また、合気道は相手の力を逆手に取ると聞いていたので、魅力的に感じました。また、私は負けず嫌いなので、競技のない武道というのもよかったです。

●サッカーが苦手だったんですよー。母が柔道をやっていたので、教室に連れて行ってもらいました。

● 1980 年代前半の忍者映画に惹かれて。

●武士道という概念に興味を持ちました。

●私は当初から日本の武道・武術にとても惹かれていました。雑誌、写真、映画などがきっかけだったと思います。

● 1970 年代から 80 年代にかけて製作された武道映画は、子供の頃から見ていました。

●元々侍やその生き方、武術に興味があったんです。そして今回、実際に体験する機会を得たことで、「一生に一度のチャンスだ」と感じました。

●私は剣術に興味があり、そこからすべての面を学ぶことができます。

●日本剣術の修練者に向けられた興味ある質問です。

●日本文化や剣術に興味がある。

●友達に誘われて稽古に参加した。

●面白そうだし、楽しそうだし、日本の伝統も好きだし。

●必要不可欠なものであった。

●それは、私にとって魅力的なものでした。

●魅力的なのは、型の動きです。流れるような動きと、突然の爆発的な迫力はその後に続きます。もちろん、組手も若い時ほど勝ちたい気持ちが強かったです。

●武道への愛

●日本の文化、歴史、習慣、芸術、技能が好き。

●主に健康と護身のために。

●武道には昔から興味があり、10 代のころは独学で空手を学んでいました。

- ●ブルース・リーの『燃えよドラゴン』を観て以来、武術が好きです。
- ●心・体・精神の統一
- ●パパの希望で。
- ●父と私は、当時流行っていた侍の物語を読んでいました。
- ●父から武道を紹介され、それ以来、父が私の先生となりました。
- ●４歳の時、父に背中を押され柔道を始めた。
- ●当時の義理の兄が道場へ復帰することになり、私も一緒に連れて行かれ、その時以来、今もここにいます。
- ●元々は護身術のためでしたが、その後は、先生や友人とともに楽しめるからです。それ以上に、武道は私の健康、気分、幸福を向上させるのに役立ちました。
- ●哲学のため
- ●体力や護身能力の向上を促す。
- ●事柄に純粋に魅了される。
- ●サムライや日本の文化・伝統に興味がある。
- ●実践しているのを見て、やってみたいと思った。
- ●良いアイデアだと思った。
- ●セルフディフェンス
- ●護身／自己啓発
- ●自己規律のため。
- ●自己啓発
- ●節制のため。
- ●高校で国語を習ってから、武道に興味を持ちました。
- ●高校生の時に友達が始めたので、それに付き合っただけです。
- ●放課後に何かするために。
- ●子供と一緒に練習を始めたら、伝統や動きが好きになった。
- ●それは複雑ですね。
- ●健康であること、稽古が好きなこと、組手や型が好きなこと、心身ともに健康であること。
- ●より良い人間になるため、そして武術に興味があったため。
- ●自分を高めるため、子どもとの時間を大切にするため。
- ●日本文化への興味、フィットネスなど、本質的な部分にエネルギーを集中させるため。
- ●自分を守るために。
- ●自分を表現すること、そして自分の中の真実のため。
- ●体力と自信をつけたい。
- ●運動神経の向上と自己啓発のために。
- ●運動能力を向上させ、自己を成長させる。
- ●日本の武道を深く知るためには、武道の考え方を本格的に学び、研究することが必要です。
- ● MMA（総合格闘技）をやっていて、今度は護身術のトレーニングをしたい。
- ●武道（沖縄空手・古武道）のルールや考え方を理解し、次世代に伝え、持続可能なものにする。
- ●精神と肉体の鍛錬
- ●もっと強くなりたい、剣のような美しい動きをしたい。
- ●武道で自分を高めたい。そして、今よりもっと強くなりたい。武道は健康な生活のためにあると信じています。
- ●健康増進のために。
- ●もっと強い戦士になりたい。いじめをなくす。そして、クワイ・チャン・ケイン（※『燃えよ！カンフー』の登場人物）のようになるため。
- ●私が子供の頃、空手を始めました。恐怖をコントロールし、感情をコントロールする必要があったからです。30歳で合気道を始めたのは、合気道の中に正しい生き方を見出したからです。すべての創造物との平和のために。
- ●幼い頃は武道が好きでしたが、松濤館空手を始めてからは、それが私のライフスタイルとなりました。
- ●両親とともに始めました。

【問 13. 武道武術の印象／イメージ】

●深い湖
●鍛え抜かれた戦士は、過去であれ現代であれ、置かれた環境に適応することができる。
●多種多様な美しさと力強さ
●尊敬、自尊心、自己勇気のあるライフスタイル
●強い意志を持ち、偉大な心を持つことで、いつかは達人になることができる。
●生き方
●生き方。非常に深いレベルで自己を探求する。私たちが周囲の自然や人々とどのように関わり、あるいは融合していくかを研究すること。
●自分自身を見つけるための方法。
●自分の人生と周りの人をより良くするための方法。
●変えられないことを受け入れ、より良い世界を築くためにできることをします。そのためには、自分の気性、エゴ、心、体を使いこなす必要があります。武道はそのための方法を訓練によって提供しますが、これらの教訓を世の中にもたらし、有用なものを適用するのは私たち次第です。
●常に紳士的なイメージでありながら、炸裂するパワーを持ちつつ、常にコントロールできる。日常生活の中で、型の動きを優雅に操り、一つ一つの動作のステップやテクニックを研究する。完璧にするために自分を追い込む。
●自然の力によって、空間と時間を超えて運ばれるもの。
●身体、心、精神の調和による平和の追求
●武道は、主に自己改善やスポーツの側面を目的とした、武術の現代的な派生物です。武術はより原型に近いものであるが、現在ではその原型を維持するための方法として実践されている。
●武道は自己啓発の道であり、自分自身を探求する方法である。
●武道は日本の特殊なものであり、倫理、道徳、文化を、戦闘技術の厳格な肉体訓練の枠組みにうまく適合させてきたものである。伝統的な武道文化が、これほどまでに高潔で深遠なものとして維持されている国は、世界のどこにもないでしょう。
●武道は生き方であり、私は自分自身をより良く感じ、より良くなるために、そして他の人々と良い関係になるために練習しています。
●武道は、集団文化の形と表現であり、運動とアイデアによって伝達される。型を学べば、その文化の歴史の一部となるのである。
●武道は、物事を止めるための方法です。
●武道や武術は、すべての人を尊重するライフスタイルでなければならず、決して終わることのない学習方法です。
●武道武術は生き方です。古武術を使うことは、自分の人生を向上させる方法であり、自分の方法で学んだ教訓を使うことによって、他の人を助けることでもあります。
●武道武術は、戦うことができるという精神的なイメージを描きます。肉体的な戦いだけでなく、精神的、霊的な戦いも、この人生の苦難に対して行うことができます。
●深くを流れる、穏やかな水
●日本の古典的な武術の伝統には、多くの現代武術の教えよりもはるかに深く豊かな、極めて洗練された心理的な教えや肉体的な鍛錬の方法が残されている。
●文化
●個性の発揮
●規律、尊敬、ハードワークと面白いトレーニングセッション
●規律
●規律、尊敬、努力、忍耐力
●一人の人間のうちにある二つの面
●ダイナミック
●新しい武術を練習するたびに、新しい武術を受け入れるために、心を空っぽにする。
●高尚ですばらしい技術
●格闘術。しかし、日々自分を高め、葛藤と折り合いをつけるための訓練もある。
●友情
●何歳になってもできる、素晴らしいアートフォーム
●現代の生活を生き抜くための素晴らしい練習法
●一言で表現するのは難しい。しかし、身体能力を高め、精神的にも向上させることができる練習です。

●ハードなトレーニングで、たくさんの汗をかくことで、多くの満足感を得ることができます。

●強さの中にある謙虚さ

●"統合"のひとつの形だと思う。精神と肉体を一体化し、同一となる。

●私は、この規律と伝統が好きです。

●延々と続く険しい山を登るイメージで、登るという行為は慣れれば慣れるほど楽になるが、山はどんどん険しくなっていく。

●合気道でいうところの「縁の下の力持ち」です。弓道でいえば、真善美と無心の至高の目標です。

●道場によっては、型が重要視されることもありました。型の上での文武両道は面白かったです。

●内なる平和

●自分の感情をコントロールできるようになるかもしれない。変化は内面から始まる。

●暮らしに役立つ。

●伝統や文化を継承し、良い価値を集めて育てていくことです。

●健康、精神、そして、いつでも、どこでも、どんな害や人間の攻撃からも自分を守る準備ができる、素晴らしい芸術である。

●心身を鍛え、自分を完全な人間に成長させる素晴らしい方法です。

●日本文化の一側面でもある。

●実用的であると同時に、私に安らぎを与えてくれます。

●それは知識と防御のためであり、攻撃のためではない。

●人間の強さと勇気の生存に必要なものである。

●肉体的、感情的、精神的、霊的な調和を得るための一つの方法であり、それはすべての意志ある実践者にとって良いことだと信じています。このような自己の名誉、内外の強さ、集中力を生み出す唯一の武道です。

●現実的なテクニックを持つ、具体的で古典的な武道である。

●心と体の薬となる。

●とても複雑です。一方では、あなたがその武道をどう思うかは別として、信じられないほど懸命に練習して深い技術を身につけた、熱心な稽古生がいるのも事実です。彼らの多くは有名ではありませんし、そうなりたいとも思っていません。一方、オンラインでは、MMA（総合格闘技）とは関係なく、大量のエゴが彼らの能力に関する多くの人々の幻想を破壊しています。様々な武道の文化的側面は、武道にとって有益であると同時に有害でもあります。例えば合気道は、日本の哲学や伝統に深く浸透していますが、そのすべてを取り除けば、間違いなく同じように良いものになります。　これは非常に複雑で深い問題です。

●私の人生、心、存在の一部なのです。

●日本の武道は、世界的に見ても過小評価されています。多くの人が表面的な部分しか見ておらず、その奥深さに触れることができないのです。22年間空手を学び続けてきた私は、今でも毎日新しいことを学んでいます。

●空手道

●公正さ

●人生

●ライフスタイル

●自分も他人も平和にする。

●多くの動きと知識

●瞑想する侍

●堅忍不抜

●平和と愛

●平和のための自制心

●お互いを尊重し、名誉・真実・忠誠を大切にする人たち。

●身体的・精神的成長、行動規範、人間的成長、能力開発。貴重で進歩的な文化を支持すること。

●武器の有無にかかわらず、稽古時は大きな挑戦であり、それに立ち向かい、それに応じた稽古をすることは楽しいことです。

●年長者への尊敬の念

●尊敬、礼節、マナー。礼儀です。私は日本に2回行ったことがあります。私の妻は半分日本人です。

●尊敬、名誉、忠誠

●尊敬の念を抱く。勇気。コミットメント。

●サムライ

●スクール・オブ・ライフ

●平穏、平静な心

●将軍（ショーグン）
●森の中で体術の練習をする人
●精神と武士が悟りを開く道
●強さ
●強い心、強い体、優れた効果的なテクニック、多くの興味深いディテール
●強い自制心。冷静さと集中力。
●フレンドリーな環境で勉強＆トレーニング
●文武両道
●フロー
●紳士の道
●武道のイメージは、嵐の前の静けさのようなものです。つまり、落ち着いていてリラックスしているけれど、一瞬で自分を変えて守ることができる人です。
●道
● To bleed silk
●タフ
●伝統的
●身体、精神、そしてエスプリの調和を見出すための生き方。個人を尊重し、向上させる。平和を推進する。
●自己を理解し、発展させる。
●柔道や BJJ を学べるのはとても魅力的
●戦闘者の精神
●人格、個性、原則を育てる方法
●保存する価値はあるが、古武術に興味を持つ会員を増やすのは難しい。
●より良い人間になれる。
●どちらかと言うと多くの人が真剣に受け止めている趣味です。

【問 14. 知っている日本人武道家】

●阿久澤稔（阿吽会武術）Akuzawa Minoru
● Ando Masayasu
●加藤定重（国際日本空手道協会）　attended the seminars of Sadashige Kato sensei
●初見良昭（武神館）　Dr. Massaki Hatsumi　Hatsumi sensei
●黒田鉄山（振武舘）　Kuroda Tetsuzan
● Hattori Sensei
●東恩納盛男　矢原美紀夫　中達也　八木明人（全て空手家）　Higa, Yahara, Naka, Yagi
●斉藤仁弘（合気道）　Hitohira Saito Sensei & Aria Katsuhiko Sensei are my inspiration
● 中達也（日本空手協会）I don't know any personally but I would love to get to know and train with Naka Sensei of the JKA
● 中野哲爾（躰道）　I have met and trained with Nakano Tetsuji -sensei of Taido; currently I know of many Japanese instructors who participate in YouTube videos.
●中達也　香川政夫（日本空手松濤連盟）　外間哲弘（剛柔流拳志会）　I have seen some videos from youtube kuro obi from Naka Sensei and videos of Masao Kagawa Sensei and i have seen videos of Hokama Tetsuhiro Sensei too
I know the most of founders and descendences of Japanese martial art schools and families
●中山正敏（日本空手協会）　金澤弘和（國際松濤館空手道連盟）　大山倍達（極真空手）I saw it from youtube: Masatoshi, Hirokazu and Oyama
●菅沼守人（合気会）　I train under Suganuma Morito here. I also go to Dan Harden's seminars. I've talked to Allen Beebe of True Aiki as well.
I'm familiar with most all of the Goju Ryu, Meibukan, Jundokan, Shorin Ryu, Pang Gai Noon Ryu, etc
●喜瀬 功（拳真館）　Isao Kise
●泉屋 誠三（日本空手協会）　　Izumiya Sensei and Shiroma Sensei

●加治屋 孝則（兵法二天一流）　Kajiya Takanori Soke
●金澤弘和（國際松濤館空手道連盟）　Kanazawa
●金澤弘和　香川政夫　田中昌彦　矢原美紀夫　大阪可治　榎枝慶之輔ほか（空手）、初見良昭、磯山博（合気道）
　　Kanazawa family; Kagawa Masao, T.Yamaguchi, M. Yahara, M. Tanaka, Osaka, Isaka, Kade, Enoeda, S. Kato, M.
　　Kondo, M. Harada I met and practiced with from
●初見良昭　遠藤征四郎（合気道）　磯山博　Karate; Hatsumi from Bujinkan; Endo and Isoyama from Aikido
●勝瀬善光（水鴎流）　Katsuse sensei, Harimoto sensei
●近藤勝之（大東流合気柔術）　矢原美紀夫　植芝守央（合気道）　Katsuyuki Kondo.Mikio Yahara,Moriteru
　　Ueshiba
●古田恒二（武神館）Koji Foruta
● Kotaka
● Kurihara sensei
●黒田鉄山（振武舘）　Kuroda sensei, Kase sensei
●日野晃（日野武道研究所）Kuroda, Tissier, kono, Akira
●甲斐国征（征武館）　宮本栄一（剛柔流）　塩川寶祥（無外流）　神長成佳（武神館）　Large group of senior
　　Iaido teachers within Nippon Iaido Renmei. Kai Kuniyuki from Seibukan Nobeoka, I have met and trained with
　　Miyazato Eiichi, Shiokawa Hosho, Kaminaga Shigemi, many others over the last 40+ years of traveling to Japan
　　and studying various arts.
●真栄城守信（志道館無聲塾）　Maeshiro morinobu
●初見良昭（武神館）Masaaki Hatsumi,
●初見良昭　大山倍達　Masaaki hatsumi,mas Obama,Jesse enkamp
● Masaharu Mukai, Toshio Yosino,
●中山正敏（日本空手協会）　森正隆（日本空手協会）　Masatoshi Nakayama, late Shoichi Sasaki, late Masataka
　　Mori
●中山正敏　中達也（ともに日本空手協会）　Masatoshi Nakayama, Tatsuya Naka
●植木政明　椎名勝利（ともに日本空手協会）　Master Ueki Masaaki, Ktsutoshi Shina Sensei
●中達也　大塚博紀（和道流宗家）　新里昌雄（松林流興道館）　masters Naka from JKA, Otsuka III, Masao
　　Shinzato
●八木明達　八木明人（ともに国際明武館）Meitatsu Yagi, Akihito Yagi.
●緑健児（新極真会）Midori Kenji
●加藤恭司（天然理心流）Morimoto Kunio and Kato Kyoji come to mind as I mentioned them above, but there
　　are too many others.
●植芝守央（合気道）　Moriteru Ueshiba, Mariko Satake
●初見良昭　黒鉄鉄山　Most of my known teacher have sadly died now. I know Masaaki Hatsumi and Tetsuzan
　　Kuroda, but I haven't meet them.
● Most of the karate ones who live in Okinawa. Some of those in Japan mainland.
● Mr. Okubo and I have met others.
●棟田康幸　大野将平　ウルフ・アロン（いずれも柔道）　Muneta , Ono , wholf,
●中達也　榎枝慶之輔　金澤弘和　矢原美紀夫　Naka Sensei, Enoeda Sensei, Kanazawa Sensei, Yahara Sensei,
　　Kazuaki Sensei
●金澤伸明（國際松濤館空手道連盟）　Nobuaki kanazawa,
● Noriyasu Kudo
● Ozawa Hiroshi
● S. Honda, k. Kawanabe, F. Demura, k. Nishime.
●齊藤仁平（合気道）　宮本鶴蔵（合気道）　Saito Hitohira, Miyamoyo Tsuruzo, Ito Tomoharu, Ariga Taro,
●早乙女貢（合気道）　Saotome, Ikeda and others
●木村恭子（天道流）　sasaki masami sensei,kimura yasuko sensei (tendo ryu)
● Seizo Takimoto Shihan, Toshiaki Kawachi Sensei
●塩田剛三　藤平光一　田村信喜　山田嘉光（いずれも合気道）Shioda, Saito, Tohei, Tamura, Yamada...
●西尾昭二（合気道）　Shoji Nishio and Shibata sensei of Aikido
● Shuji Matsushita (friends on Facebook)
●中村修士（武田流中村派）Shuji Nakamura Soke, sofue sensei, toyoshima sensei, Morita sensei,...
●大山倍達　松井章圭（極真会館）　Sosai Mas. Oyama, Kancho Shokei Matsui.

- ● Sugawara Sensei
- ●日野晃　横山和正（沖縄小林流空手道研心会館）　Sugimori Kichinosuke, Hino Akira, Yokoyama Kazumasa - all met personally. I read about many others, too.
- ● Tamae Shigamitsu
- ●田村信喜（合気道）Tamura (AiKiDo)
- ●種村匠刀（玄武館）　長尾全祐（神刀柔進会）　初見良昭　白川竜次（合気道）　Tanemura soke, Nagao zenyu sensei, Hatsumi sensei, Ryuji Shirakawa sensei
- ●中達也　Tatsuya Naka
- ●黒田鉄山　Tetsuzan Kuroda
- ● The Grand Master of my school Yamaguchi San
- ● There were 2 Japanese who came to Kiribati late in the 1980s and early in the 1990s,- their names were Ms Miko and Mr Hiroshi Sakamoto. Both were teachers at the Japanese Fishing School here in Kiribati. While staying in Kiribati they shared and taught us their martial arts aside from the Language they taught at School
- ●杉野至寛（香取神道流）　To many names to mention, but all senior instructors at Shorinji Kempo hombu as well as many outside of hombu. Outside of Shorinji Kempo not that many Japanese instructors, but have met Sugino-sensei (Katori shinto ryu)..
- ●植芝盛平　嘉納治五郎（柔道）　時津賢児（時津流自成道）　Ueshiba Morihei , Kano Jigoro , Toshitsugu Takamatsu , Tokitsu Kenji
- ● Various JKA Instructors
- ● Yamashita Sensei - Kyudo
- ●小林保雄（合気道）　畑山憲吾（合気道）　東恩納盛男　中達也 Yasuo Kobayashi, Kengo Hatayama, Morio Higaonna, Tetsuya Naka
- ● Yasuo yamanobe、など

【問 18. お気に入りのホームページ／チャンネル】

- ● "Budo the art of killing" is still one of my favourite 80's video
- ● all I can find interesting
- ● All websites about traditional budo-bujutsu - E-Budo forum - In Youtube: Tenshinryu Hyoho, Aikido - Guillaume Erard, Budo Japan. Okinawa Traditional Karate.
- ● Also hard to pick specific, but kuro obi worlds videos have been interesting, and Empty mind films.
- ● Anything on true martial arts
- ● British Judo history (FB group), Budo Japan
- ● Budo Japan of course. Akban, aikido by the bay
- ● Budo Japan, all about ninja , Abdullah minor
- ● Budo Japan, Karate by Jesse
- ● Budo Japan, Youtube
- ● Budojapan ;-) and videos from dojos
- ● BudoJapan, JKFan
- ● Budojapan. com, You Tube, Ikyf.org
- ● El YouTube videos de karate
- ● Embu-videos
- ● Este sitio
- ● Eternal Budo/Budo: The Art of Killing
- ● For videos YouTube basically
- ● Hiden budo
- ● https://budojapan-community.com
- ● https://www.youtube.com/c/kuroobiworld
- ● I have no particular favorites

- I use youtube and facebook frequently, and wikipedia and informations from books and documentaries
- I'm attracted to History
- In my opinion Japanese YouTubers make the best martial arts content on the entire Internet (Yusuke Yachi, Togo Ishii, Takuma Kouketsu, Nakano Tetsuji etc.)
- JKA News, JKA 25 KATAS
- Karate nerd
- Kata competition, Kumete competition
- Kodokan
- Kuri-Obi world, Shotokan Karate Online, Karate Dojo Waku, Budo Japan
- Kuro obi and Yusuke Nagano's YouTube pages
- Kuro obi world (YouTube), Kagawa Masao kata instructional videos, The Way of the Warrior: Karate (BBC)
- Kuro Obi World, Karate Dojo Waku in Okinawa
- Kuro Obi youtube, Karate Dojo Waku, Karate Nerd, Ian Abernathy
- Kuro Obi, the Way of the Samurai,
- Kuro-Obi the movie, Karate bullfighter
- Kuroda Tetsuzan, ninjutsu videos
- Kyokhusinkai
- Lets ask Shogo
- Martial art
- Mitsuhira blog
- Mostly Youtube, especially Japanese content. I enjoy "Chris Sumo" regularly (https://www.youtube.com/channel/UCIk5AQ47TYq8PQRoeM47LqQ/)
- Okinawan Karate Documentary, Blackbelt Magazine, Budojapan.com, kampfkunst-board.info
- One can find a lot of intresting things from youtube
- ryukyu-bugei, bujin.tv, budojapan
- Seido Budo
- Senshinkai, Musojikiden Eishinryu videos and information
- The Budo Bum
- The Budo guy
- Too many to mention, mainly dojo videos on YouTube
- True Aiki, videos of Kuroda Tetsuzan and Roy Goldburg. I sometimes watch the old videos of Saito (Aikido) to remind myself of Aikido technique variations.
- various koryu Facebook groups, koryu.com, budojapan.com, the old Budokan Nihon Kobudo dvd series With technical content
- www.imaginarts.digital
- www.sotogawakarate.com en karatenerd Jesse Enkamp.
- Youtube, IMGKA website, IRKRS website.
- YouTube.com, Koryu.com, kogenbudo.org, hokushinittoryu.com

【参考HP】

◎海外向け英語武道サイト「BUDOJAPAN.com」　https://budojapan.com/
◎BUDOJAPAN.com公式Facebookページ　https://www.facebook.com/budojapan.tokyo/

「武道ツーリズム」武者修行・巡礼ガイド！
全国「武道聖地」MAP

特別付録として、日本各地に伝承してきた古武術流派や、武道武術と所縁の深い寺社、
達人たちの史跡、歴史的道場など、「全国武道聖地マップ」を紹介！
本MAPに掲載している流派や関連スポットは、多数ある「武道聖地」のほんの一握りですが、
聖地巡礼、武者修行、また「武道ツーリズム」実践のための候補地としても、ぜひご参照ください。

作成◎本誌編集部

弘前に伝わる"北の超本格派"武家文化と古武術流派を体験稽古（本書第1章参照）。

東京都台東区浅草蔵前に道場を構える国際居合道連盟鵬玉会にて、居合"実践"体験（本書第2章参照）。

ユネスコ無形文化遺産登録を目指す空手発祥の地・沖縄には、空手の聖地が多数存在（本書第3章参照）。

示現流門人にしてインバウンドのプロ、アレキサンダー・ブラッドショー氏が示現流とともに伝わる薩摩武家文化を紹介（本書第4章参照）。

東京都北区赤羽体育館を拠点に、広く門戸を開く弓道クラブ「弓と禅 You Me and Zen」（本書第5章参照）。

TABIKYO JAPAN 社が提案するのは、植芝盛平生誕の地における「合気道と熊野古道 体験プラン」（本書第7章参照）。

沖縄空手
琉球古武術

20
直信流
雛井蛙流
竹内流
佐分利流槍術
澁川一流
兵法二天一流剣術
双水執流
11
6
無双直伝
英信流
10
19
心形刀流剣術
14 28
宝蔵院流高田派槍術
13
27
柳生新陰流
尾張貫流槍術
関口新心流柔術

野田派二天一流剣術
雲弘流剣術
兵法タイ捨流
12

薬丸自顕流
示現流兵法

大東流合気武道

卜傳流剣術
當田流
小野派一刀流

諸賞流　和
無辺流棒術

神夢想林崎流

柳生心眼流

溝口派一刀流剣術

荒木流拳法
念流

無比無敵流杖術
鹿島新當流
鹿島神流
石黒流
甲源一刀流剣術
天真正伝香取神道流

力信流

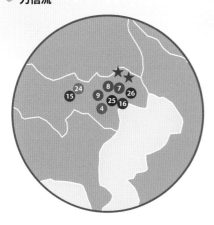

**かつては1400流派も存在!?
多岐にわたる日本の武道武術**

「武芸十八般」との言葉もあるように、日本の伝統的な武道武術には、徒手もしくは棒や刀剣、または火器などなども含む武器、さらには泳法、馬術などの戦いに関する技術を体系化した多種多様な流派が存在した。「古武道／古武術」と呼ばれる明治維新以前に成立した武芸流派の数は、一説には当時1400を超えたとも言われている。現在でも、日本古武道協会、日本古武道振興会には、全国各地の約170流派が加盟し、その伝承を伝えている。また、現代武道としては、「柔道・剣道・弓道・相撲・空手道・合気道・少林寺拳法・なぎなた・銃剣道」の9団体が日本武道協議会に加盟している。

参詣で開眼 !? 寺社仏閣

①日本一社林崎居合神社（〒995-0006山形県村山市林崎85）
　…居合の祖・林崎甚助重信が祀られた居合道発祥の聖地。

②鹿島神宮｜常陸国一之宮（〒314-0031 茨城県鹿嶋市宮中 2306-1）
　…「武甕槌大神」の佩刀と節霊剣が古来より伝わる東国の武の中心。

③香取神宮（〒287-0017 千葉県香取市香取1697-1）
　…剣豪・飯篠長威斉家直所縁の神社、祭神は武道の神「経津主大神」。

④明治神宮（〒151-8557 東京都渋谷区代々木神園町1-1）
　…毎秋、日本古武道大会も開催。武道場 至誠館も併設。

⑤合氣神社（〒319-0203 茨城県笠間市吉岡270-4）
　…開祖植芝盛平が自身で創建し、「合気道の産屋」と称した聖地。

⑥竈門神社（〒818-0115 福岡県太宰府市内山883）
　…夢想権之助が参籠、神託を受け開流したという杖術誕生の地。

海外からも大注目 現代武道の総本山

⑦日本空手協会総本部道場
（〒112-0004 東京都文京区後楽2-23-15）
…「空手の殿堂」では他流派の稽古参加も歓迎!

⑧講道館
（〒112-0003 東京都文京区春日1丁目16-30）
…資料館・図書館・宿泊施設完備の柔道学びの社。

⑨合気会本部道場
（〒162-0056 東京都新宿区若松町17-18）
…延べ250畳敷き3つの道場で朝稽古!

⑩金剛禅総本山少林寺
（〒764-0014 香川県仲多度郡多度津町本通3丁目1-48）
…仁王像が出迎える拳士たちの故郷。

名人・達人たちの夢の跡 名所・史跡・修行地

⑪巌流島（舟島）（〒750-0000 山口県下関市大字彦島字船島648番地）
…「上陸認定証」も発行される武蔵vs小次郎決戦の地!

⑫霊巌洞（雲巌禅寺）（〒861-5282 熊本県熊本市西区西区松尾町平山589）
…宮本武蔵が兵法『五輪書』を記した洞窟。

⑬愛洲の館（〒516-0101 三重県度会郡南伊勢町五ヶ所浦2366）
…影流の祖、愛洲移香齋所縁の地の資料館。
　　毎年8月下旬には全国より武芸者が集まり「剣祖祭」が開催される。

⑭大和柳生古城跡（柳生の里）（〒630-1231 奈良県奈良市柳生下町216）
…柳生の里にある「一刀石」は、柳生宗厳が修行中に一刀で天狗を切り捨て、
　　2つに割れた岩石が残ったとの伝説。

⑮近藤勇像（龍源寺）（〒181-0015 東京都三鷹市大沢6丁目3-11）
…天然理心流・近藤勇の墓近く（龍源寺）に建立。

⑯合気顕彰碑（高野山東京別院）（〒108-0074 東京都港区高輪3丁目15-18）
…高野山東京別院に建立されている、大東流"不世出の達人"佐川幸義宗範の墓とその顕彰碑。

⑰三ッ峰山（三峯神社）（〒369-1902 埼玉県秩父市三峰298-1）
…言わずと知れた日本有数のパワースポットであり、多くの極真空手家たちが訪れる修行のメッカ。

⑱出羽三山（出羽三山神社）（〒997-0292 山形県鶴岡市羽黒町手向手向7）
…修験者たちの最終目的地、三山参りで修行三昧。

伝承の本拠地 歴史的道場

⑲旧武徳殿 (〒606-8323 京都府京都市左京区聖護院円頓美町46-2)
…大日本武徳会の演武場として建設。国の重要文化財指定。

⑳竹内流相伝家文政道場 (〒709-3104 岡山県岡山市北区建部町角石谷1131)
…「日本柔術の源流」竹内相伝家には、江戸明治昭和の3道場が現存。

㉑甲源一刀流練武道場「燿武館」(〒368-0201 埼玉県秩父郡小鹿野町両神薄167)
…安永初期(1770年頃)に建築された木造平屋建道場。

㉒鹿島新當流道場 (〒314-0031 茨城県鹿嶋市宮中1丁目3-39)
…剣聖・塚原卜伝の技を今に伝える、明治時代に建てられた名道場。

㉓馬庭念流「俤士館」道場 (〒370-2104 群馬県高崎市吉井町馬庭80)
…慶応3年に建てられた道場(群馬県指定史跡)。資料館も併設。

㉔遊神館弓道吉田教場 (〒167-0042 東京都杉並区西荻北3丁目40-10)
…正法流開祖・吉田能安が創立。現在は「備中高梁館」として開館中。

旅のお伴に！オススメ『武者修行本』

永井義男氏の著作『剣術修行の旅日記』(朝日選書)は、佐賀藩士で二刀流の達人、牟田文之助が1853年から2年間、秋田から江戸、九州の道場を訪ね歩いた記録を紹介。時代小説とは異なる実際の剣術修行に、驚きとともに刺激を受けること間違いなし！

見る知る学ぶ 施設・資料館・博物館

㉕日本武道館
(〒102-8321 東京都千代田区北の丸公園2-3)
…全国規模の演武会や競技会をはじめ、武に関する様々な催し物が開催される「武道の聖地」。

㉖刀剣博物館
(〒130-0015 東京都墨田区横網1丁目12-9)
…国技館至近の旧安田庭園内に建つ、国宝を含む多数の美術刀剣類を保存、展示する博物館。

㉗植芝盛平記念館
(〒646-0034 和歌山県田辺市扇ヶ浜2-10)
…合気道開祖 植芝盛平生誕の地に建つ武道館に併設の資料館。合気道体験映像も必見。

㉘伊賀流忍者博物館
(〒518-0873 三重県伊賀市上野丸之内117)
…伊賀上野公園内にある博物館。からくり屋敷・忍術実演見学、手裏剣体験なども。

装幀：ギール・プロ
本文デザイン：澤川美代子

BUDO Tourism GUIDEBOOK
武道ツーリズム実践ガイドブック

2023 年 5 月 11 日　初版第 1 刷発行

編　者　　月刊「秘伝」武道ツーリズム研究班
発行者　　東口敏郎
発行所　　株式会社 BAB ジャパン
　　　　　〒 151-0073 東京都渋谷区笹塚 1-30-11　4・5 Ｆ
　　　　　TEL　03-3469-0135　　　FAX　03-3469-0162
　　　　　URL　http://www.bab.co.jp/
　　　　　E-mail　shop@bab.co.jp
　　　　　郵便振替 00140-7-116767
印刷・製本　　株式会社シナノ

ISBN978-4-8142-0544-8 C2075